"十三五"国家重点出版物出版规划项目·重大出版工程规划

中国工程院重大咨询项目成果文库

推动能源生产和消费革命战略研究系列丛书

（第二辑）

丛书主编　谢克昌

农村能源供给绿色化及用能清洁化与便利化

陈　勇　袁浩然　呼和涛力　等　编著

科学出版社

北　京

内 容 简 介

本书以"农村能源供给绿色化及用能清洁化与便利化"研究内容为核心，主要聚焦于生物质能利用技术的开发与应用，并创新性地将生物质能划分为被动型与主动型两类。被动型生物质能主要产生于农林废弃物、农副产品加工废弃物、生活垃圾及畜禽粪污等人类生产生活过程中被动排出的农村有机废弃物，其能源化的利用，不仅可以补充能源，同时还可有效解决农村环境问题，应优先发展；主动型生物质能产生于人为种植的能源作物，可作为未来的能源储备。为提高上述两类生物质能的转化效率和经济性，本书提出了生活垃圾能源化、资源化利用系统，农林废弃物能源化工系统，畜禽粪污能源化工系统，多种废弃物协同处置与多联产系统，特色农林废弃物功能材料系统，能源植物选育与种植系统等六大高新技术方向，并对这些系统逐一进行了介绍。

本书适宜有一定研究基础的研究人员阅读。

图书在版编目（CIP）数据

农村能源供给绿色化及用能清洁化与便利化 / 陈勇等编著. —北京：科学出版社，2019.2

（推动能源生产和消费革命战略研究系列丛书 / 谢克昌主编.第二辑）

"十三五"国家重点出版物出版规划项目·重大出版工程规划

中国工程院重大咨询项目成果文库

ISBN 978-7-03-060430-9

Ⅰ. ①农…　Ⅱ. ①陈…　Ⅲ. ①农村能源-无污染能源-研究-中国　Ⅳ. ①F323.214

中国版本图书馆 CIP 数据核字（2019）第 008882 号

责任编辑：王丹妮 / 责任校对：何艳萍
责任印制：霍　兵 / 封面设计：正典设计

科学出版社出版

北京东黄城根北街 16 号
邮政编码：100717
http://www.sciencep.com

北京画中画印刷有限公司 印刷

科学出版社发行　各地新华书店经销

*

2019 年 2 月第 一 版　开本：720×1000　1/16
2019 年 2 月第一次印刷　印张：11 1/4
字数：230 000

定价：**115.00 元**

（如有印装质量问题，我社负责调换）

推动能源生产和消费革命战略研究系列丛书
（第二辑）
编委会成员名单

项目顾问

徐匡迪　　中国工程院　第十届全国政协副主席、中国工程院主席团名誉主席、
　　　　　　　　　　　原院长、院士

周　济　　中国工程院　中国工程院主席团名誉主席、原院长、院士

项目负责人

谢克昌　　中国工程院　原副院长、院士
彭苏萍　　中国工程院　院士

课题负责人

第1课题　　中国农村能源革命与分布式低碳能源发展　　　　　　　杜祥琬
第2课题　　农村能源技术领域的若干重大问题分析　　　　　　　　倪维斗
第3课题　　农村能源供给绿色化及用能清洁化与便利化　　　　　　陈　勇
第4课题　　西部地区油气发展战略研究　　　　　　　　　　　　　赵文智
第5课题　　西部煤炭资源清洁高效利用发展战略研究　　　　　　　彭苏萍
第6课题　　西部清洁能源发展战略　　　　　　　　　　黄其励、倪维斗
第7课题　　"一带一路"能源合作与西部能源大通道建设　　　　　黄维和
第8课题　　中国农村、西部与"一带一路"能源生产与消费
　　　　　　知识系统建设　　　　　　　　　　　　　　　　　　谢克昌
综合课题　　农村能源革命和西部能源发展战略思路与举措　　　　谢克昌

农村能源供给绿色化及用能清洁化与便利化 编委会成员名单

组　长

陈　勇　　中国科学院广州能源研究所　　院士、研究员

副组长

袁浩然　　中国科学院广州能源研究所　　研究员
呼和涛力　常州大学　　教授

成　员

顾　菁　　中国科学院广州能源研究所　　副研究员
雷廷宙　　河南省科学院　　研究员
陈汉平　　华中科技大学　　教授
袁振宏　　中国科学院广州能源研究所　　研究员
陈　群　　常州大学　　教授
张玉媛　　佛山科学技术学院　　讲师
孙永明　　中国科学院广州能源研究所　　研究员
胡双清　　中国科学院广州能源研究所

序 一

能源是国家经济社会发展的重要基础，事关我国现代化建设的全局。2014 年以来习近平总书记关于推动能源生产与消费革命的一系列指示和要求，为我国能源发展指明了方向。农村是我国全面建成小康社会任务最艰巨最繁重的地区，农村能源革命直接关系全国能源生产与消费革命的成败，西部地区在我国经济社会发展和能源生产与消费方面处于特殊地位，本身也面临不少突出的矛盾和问题，推动西部地区和农村地区的能源生产与消费革命具有重要意义。

为积极推进我国农村和西部地区能源生产与消费革命，中国工程院在 2013 年启动、2015 年完成"推动能源生产和消费革命战略研究"（一期）重大咨询项目后，及时将农村能源革命与西部能源发展作为第二期重大项目开展后续研究。研究工作紧紧立足我国农村地区和西部地区的发展实际，全面贯彻近几年来关于农村发展、区域发展、"一带一路"能源合作等一系列最新政策，充分利用先期取得的成果和结论，围绕农村和西部地区能源生产与消费革命，认真分析突出的矛盾和问题，从多个方面开展针对性研究，努力化解特殊矛盾，解决各种具体问题，基本形成农村地区和西部地区推进能源生产与消费革命的总体思路，提出一系列重大举措。本丛书是第二期项目研究的最终成果，对指导农村地区和西部地区能源生产与消费革命具有积极意义，可供有关领导和部门参考。

参与第二期项目的各位院士和专家，有不少参与过第一期项目，也有许多是第二期项目研究过程中才加入的，大家高度负责、发挥优势、精诚协作，为完成项目研究任务做出了积极的贡献。

推动能源生产与消费革命任重道远。党的十九大明确开启全面建设社会主义现代化国家新征程，提出我国经济已由高速增长阶段转向高质量发展阶段，这为推动能源生产与消费革命提出了新的要求。中国工程院作为国家高端智库，将在第一期和第二期研究工作的基础上，进一步结合新的形势和要求继续开展相关研究，力争为党中央和政府部门进行科学决策提供强有力的支撑。

2018 年 11 月 17 日

序　二

　　能源是经济社会发展的动力来源，更是人类社会赖以生存的物质基础。当今世界，自 18 世纪西方的工业革命以来，化石能源一直是人类的主体能源。化石能源的大量使用，带来生态、环境和气候等领域的一系列问题，主动应对挑战，加快能源转型，实现清洁低碳发展已成为世界范围内的自觉行为和基本共识。面对由页岩油气引发的能源供需格局新变化、国际能源发展新趋势，我国必须加快推进能源生产和消费革命，保障国家能源安全。

　　新时代提出新要求，实施"一带一路"建设、京津冀协同发展战略、长江经济带发展战略，推进新型城镇化，实施乡村振兴战略，建设美丽中国、美丽乡村，为推进能源革命构筑广阔舞台。其中，能源合作是"一带一路"建设的重要支点，而西部地区又是我国能源国际合作的重要战略通道承载地和桥头堡。在确保经济有效和安全的能源转型过程中，不仅在国家之间，而且在富裕和贫困地区之间都应坚持公平和可持续发展的原则，我国要"全面建成小康社会最艰巨最繁重的任务在农村，特别是在贫困地区"[①]。而农村能源作为我国能源的重要组成部分，是实现农村全面小康的物质基础，推进农村能源革命，实现能源供应清洁化、便利化是建设美丽乡村的必然要求，农村能源革命的成败也直接关系到全国能源革命的成败。

　　为更好地服务"一带一路"建设和推进能源革命战略，必须结合我国能源开发利用总体战略布局，立足我国西部能源资源丰富、种类齐全但开发利用不合理、环境脆弱、经济落后，特别是农村能源结构不合理、消费不科学、人均用量少的实际，以习近平总书记对能源生产和消费革命的系统阐述为基本遵循，以推动农村能源革命和加速西部能源科学开发利用为重点，开展战略咨询研究，这既是破除城乡二元体制全面加速我国城镇化建设的必然要求，也是全面建成小康社会的战略需求。

　　作为中国工程科学技术界的最高荣誉性、咨询性学术机构，中国工程院为及时通过战略研究支撑国家科学决策，于 2013 年 5 月启动了由谢克昌院士负责的"推动能源生产和消费革命战略研究"重大咨询项目系列研究。一期研究提出能源革

---

① http://sc.people.com.cn/n2/2016/0118/c365889-27568771.html。

命的战略思路、目标重点、技术路线图和政策建议。基于一期研究中发现的能源革命深层次问题,项目组认为要加强"一带一路"能源合作和农村能源革命的研究。因此,中国工程院于 2015 年 10 月又启动了"推动能源生产和消费革命战略研究"项目的二期工作。二期项目由中国工程院徐匡迪主席和时任院长周济院士担任顾问,下设九个课题,分别由能源领域相关专业的院士担任课题组长。来自科研院所、高等院校和大型能源企业共计 300 多名专家、学者参与研究及相关工作,其中院士 36 位。项目组力求通过该项目的研究,以"农村能源革命与西部能源发展"为研究重点,紧紧把握能源生产和消费革命及"一带一路"倡议的重要战略机遇,结合我国能源开发利用总体战略布局,进一步完善国家农村及西部能源战略,为中长期国家西部及农村能源发展规划提供切实可行的政策建议。项目研究按照"服务决策、适度超前"的原则,坚持咨询研究的战略性、时效性、可行性、独立性,历时两年半,经过广泛的专家讨论、现场调研、深入分析、成果交流和征求意见,最终形成一份项目综合报告和七份课题报告并出版成册。

《农村能源革命与西部能源发展战略研究(综合卷)》由中国工程院谢克昌院士领衔,在对八个课题报告进行深入总结、集中凝练和系统提高的基础上,提出新形势下要按照"供需协调、洁煤治霾,扬电引气、优化结构,创新驱动、多能互补,服务支撑、绿色高效,市场运作、政策保障"的总体原则进行农村能源革命。通过控制散煤利用推进农村煤炭消费方式变革、创新发展模式推进农村可再生能源开发利用、构建能源网络推进农村能源向清洁电力和燃气发展、强化节能环保推进农村能源综合服务体系建设,实现我国农村能源革命战略目标:2020 年,基本建成适应农村全面小康社会需要的清洁、便利、安全、有效的能源供需体系;2035 年,初步建成清洁、低碳、安全、高效的新型农村能源体系;2050 年,建成城乡一体化、城乡平等的清洁、低碳、安全、高效的能源体系,实现能源强国的目标。关于我国西部能源和"一带一路"能源合作要遵循"生态优先、清洁高效、科学有序、常非并重、互利共赢"的原则,提出"三步走"发展战略目标,最终实现煤炭清洁高效可持续开发利用、石油稳定发展、天然气倍增发展、清洁能源科学有序发展,将西部地区建成我国重要的煤炭、清洁能源、油气能源基地,同时,西部能源大通道要成为我国东、西部地区能源供需和"一带一路"能源合作的重要纽带,助力西部地区成为我国能源安全的重要保障。

《中国农村能源革命与分布式低碳能源发展战略研究》由杜祥琬院士牵头,主要总结发达国家农村能源发展的经验和教训,深度调研我国农村能源利用的现状、存在的问题,研究我国农村能源发展的方向、分布式低碳能源发展前景等。紧密结合我国新型城镇化和农业现代化建设的要求,提出我国农村能源革命和建设分布式低碳能源网络的政策、措施和建议。

《农村能源技术领域的若干重大问题分析》由倪维斗院士牵头,主要调查我国农村能源技术发展现状、潜力，分析农村能源革命的关键技术及产业化、规模化应用的技术路线图，提出我国农村能源发展应以可持续发展为理念。以解决"三农"问题和实现城乡一体化发展为导向，实施"农村低碳能源替代工程"。尽快全面深化政策、金融等方面的体制、机制改革，从建筑节能、生物质能源利用和多能协同利用等多个方面着手，力争早日构建因地制宜、多能互补的创新型农村能源技术体系。

《农村能源供给绿色化及用能清洁化与便利化》由陈勇院士牵头，结合我国新农村建设和新型城镇化发展，分析我国农村能源供给侧发展现状和终端用能消费现状，预测未来供给能力和消费需求，分析供给绿色化的可行性，明确农村能源未来的发展方向和目标，并提出进一步深入讨论其经济效益、管理模式、关键技术及产业化，为我国农村能源供给利用方法提供宏观决策建议。

《西部油气发展战略研究》由赵文智院士牵头，主要分析我国西部油气资源储量和开发利用现状，从西部地区剩余油气资源潜力与重点勘探方向、西部地区油气开发利用趋势与技术创新支撑体系、新疆成为国家大型油气生产加工与储备基地的可行性、西部地区油气发展战略与路线图四个方面全面分析西部地区油气资源潜力、勘探发现规律与储量增长趋势、开发利用前景。论证西部（新疆）建设国家大型油气基地以及新疆成为国家大型油气生产加工与储备基地的可行性，提出我国西部能源油气资源发展战略及其相应政策建议。

《西部煤炭资源清洁高效利用发展战略研究》由彭苏萍院士牵头，主要研究我国西部内蒙古、陕西、甘肃、宁夏、新疆五省区煤炭清洁高效利用的战略问题，调查我国西部煤炭资源储量和开发利用现状，论证西部（新疆）建设国家煤炭-煤电-煤化工基地的可行性。总结提出西部煤炭资源清洁高效利用的战略思路和发展目标、重点任务与实施路径及措施建议。

《西部清洁能源发展战略研究》由黄其励院士和倪维斗院士牵头，主要研究新疆、青海、西藏、内蒙古和云南等西部地区的风能、太阳能（光伏、光热）、水能、地热能、生物质能等清洁能源储量和开发利用现状。在全面建成小康社会和推进"一带一路"建设背景下，分析国家对西部能源基地的战略需求，总结提出西部清洁能源发展的战略思路和关键技术需求。同时，分析未来 10 年将新疆、青海、甘肃等地建设成为国家重要风能和太阳能发电基地，将西藏、四川和云南等地建设成为国家重要水能发电能源基地，以及将西部地区建设成分布式利用清洁能源示范地区的可行性。

《"一带一路"能源合作与西部能源大通道建设战略研究》由黄维和院士牵头，主要研究"一带一路"能源合作基础、风险和存在的问题，提出"一带一路"未来能源合作战略；研判我国东、西部能源未来供需规模和流向，以及我国未来西部到东部能源流向总体规模。结合西部能源通道现状和存在问题分析我国油气、煤炭和电力等能源不同运输方式的经济性，首次提出我国西部综合能源大通道构建战略旨在实现"横向多能互补，纵向优化配置"的能源互联网架构。最后提出我国未来"一带一路"能源合作与西部能源大通道构建的政策建议。

　　"推动能源生产和消费革命战略研究系列丛书（第二辑）"是我国能源领域广大院士和专家集体智慧的结晶。一些重要研究成果已经及时上报中央和国家有关部门，并在能源规划政策中被采纳。作为项目负责人，值此丛书出版之际，对参加研究的各位院士和专家的辛勤付出深表谢意！需要说明的是，推动能源生产和消费革命是一项长期战略，目前项目组新老成员已在第一期和第二期研究成果的基础上启动第三期项目研究。希望项目研究团队继续努力，再接再厉，乘胜而为，在"推动能源生产和消费革命战略研究"（三期）中取得新业绩，以科学的咨询支撑国家能源发展的科学决策，助力我国能源经济社会的可持续发展。

中国工程院
"推动能源生产和消费革命战略研究"
系列重大咨询项目负责人

2018 年 11 月

前　言

　　本书是中国工程院重大咨询项目"推动能源生产和消费革命战略研究"课题三"农村能源供给绿色化及用能清洁化与便利化"的研究成果。能源供给绿色化属能源生产范畴，用能清洁化与便利化属能源消费范畴。能源供给绿色化、用能清洁化与便利化明确了农村用能属性、方式及目标。能源供给绿色化包括两个方面：一是供给绿色能源，二是绿色能源的使用而使环境更美、生态更好。用能清洁化要求利用技术必须高效、低排，无二次污染；而用能便利化必须通过满足需求、广泛应用、创造效益等途径实现。农村能源种类很丰富，除传统的化石能源外，还有包括太阳能、风能、地热能、水能、生物质能等丰富的可再生能源资源，而其中生物质能是唯一可转化为气、液、固三种形态的二次能源和化工原料的可再生能源，而且，生物质能具有环境和能源的双重特性，因此，本书主要聚焦于生物质能。

　　生物质能直接或间接来自植物的光合作用，一般取材于农林废弃物、农副产品加工废弃物、生活垃圾及畜禽粪污等，其来源广泛、储量丰富，且具有环境友好、成本低廉和碳中性等特点，是地球上可再生能源的核心组成部分，是维系人类经济社会可持续发展的最根本的保障。生物质能可以通过物理转换（固体成型燃料）、化学转换（直接燃烧、气化、液化）、生物转换（如发酵转换成甲烷）等形式转化为不同的燃料类型，满足各种形式的能源需求。目前，迫于能源短缺与环境恶化的双重压力，各国政府在技术、政策、市场等多重支撑下，高度重视生物质资源的开发和利用。

　　据估测，地球每年经光合作用产生的生物质约 1 700 亿吨，其中蕴含的能量相当于全世界能源消耗总量的 10~20 倍，但目前的利用率仅为 3%左右。据统计，2016 年我国产生城乡生活垃圾约 4 亿吨，秸秆、蔬菜剩余物等农业废弃物约 12 亿吨，薪柴和林业废弃物约 3.5 亿吨，畜禽粪污 40 亿吨，总产生量约 60 亿吨，资源量折合标准煤达到 10 亿吨（统计数据可能只有 60%，而实际生物质废弃物产生量更多），生物质资源极其丰富[①]。在欧洲，生物质能是最大的可再生能源，开

---

　　① 《中国统计年鉴 2016》。

发利用量的比重已占到可再生能源的 60%。

目前，生物质能的技术利用途径主要包括生物质发电、生物质液体燃料、生物质气体燃料和生物质成型燃料等。欧洲仍是全球最大的生物质及垃圾发电市场，2017 年全球生物质及垃圾发电累计装机容量与 2016 年相比增加了 11.6%，其中欧洲、中国、巴西是增长的主要驱动力，其中欧洲 2017 年累计装机容量达 40.1 吉瓦，巴西和美国 2017 年生物质和垃圾发电累计装机容量分别为 18.4 吉瓦及 17.8 吉瓦，分列第二、第三位[①]。欧洲也是世界上最大的生物柴油生产和消费地区，生产能力约 1 800 万吨，另外，巴西的乙醇产量替代了全国 50% 以上的汽油。2017 年我国生物质能产业规模有所增长，生物质发电装机容量较 2016 年增长 20.5%，其中垃圾焚烧发电装机容量达 7.3 吉瓦，较 2016 年增长 32.1%；农林生物质发电装机容量达 7 吉瓦，较 2016 年增长 8.4%；沼气发电装机容量达 0.5 吉瓦，较 2016 年增长 42.9%；燃料乙醇和生物柴油技术已实现规模化发展，产量分别达到 242 万吨和 105 万吨，生物质成型燃料产量约为 1 100 万吨，生物质能总的开发利用量为 1.17 亿吨标准煤[②]。

我国生物质能开发利用存在着生物质能利用率低、产业规模小、生产成本高、工业体系和产业链不完备、研发能力弱、技术创新不足，以及模式和管理政策的缺陷等一系列问题，以生物质发电为例，生物质发电装机 1 031 万千瓦，发电量 527 亿千瓦时，占比不到可再生能源发电量的 4%，仅占总发电量的 0.9%。，而按每年生物质资源总量 10 亿吨标准煤计算，年开发利用率仅达到 11.7%，开发利用空间巨大。因此，我国需要制定并实施国家生物质能源科技发展战略规划，加强生物质能源技术研发和产业体系建设，急需提出具有创新性、前瞻性的技术发展方向，为我国生物质能源技术的快速发展提供科技支撑。

长期以来，我国的生物质能发展不尽如人意，还有一个主要原因是对生物质的科学认识问题，是可主动控制、可以规划、可以定量的正常能源，还是难以主动控制、难以规划、难以定量的废弃物、污染源，这直接影响政策的制定、模式的构建、技术的形成。因此，本书创新性地将生物质能划分为被动型与主动型两类。被动型生物质能主要产生于农林废弃物、农副产品加工废弃物、生活垃圾及畜禽粪污等人类生产生活过程中被动排出的农村有机废弃物，这些废弃物若处置不当将成为巨大的污染源，而将其能源化、资源化利用，在变废为宝的同时还可有效解决农村环境问题，从能源与环境的双重效益出发，应优先发展农村废弃物能源化利用技术。由于这部分物质不可控制、难以规划，因而，需出台新政策，构建新模式，因地制宜地开发利用。主动型生物质能产生于人为种植的能源作物，

---

① 《2017-2022 年中国垃圾发电行业分析与投资前景分析报告》。

② 《2018-2024 年中国生物质发电行业市场运营态势及投资前景评估报告》。

包括含油、含糖、含淀粉、含纤维素类的植物和水藻等，这部分物质可控、可规划，从能源和相关技术储备考虑，主动型生物质能应以应用基础研究和关键技术攻关为主，加强选育与种植等方面的基础研究，加大转化关键技术的攻关。

根据我国能源消耗存量与增量关系，以及生物质能潜力，本书确立了"存量优化、增量替代"的生物质能发展定位。存量优化，即淘汰既存的落后产能，并尽可能用生物质能填补缺口；增量替代，即经济社会发展对能源需求的增量部分，应尽量用生物质能替代（相对于以往增量大多为化石能源）。为提高上述两类生物质能的转化效率和经济性，本书从系统的角度出发，提出了六大农村能源利用技术发展方向，即生活垃圾能源化、资源化利用系统，农林废弃物能源化工系统，畜禽粪污能源化工系统，多种废弃物协同处置与多联产系统，特色农林废弃物功能材料系统，能源植物选育与种植系统，并对这些系统从理论到技术逐一进行分析讨论。另外，本书还描述了各类技术系统发展目标和实现路径，并提出了相应的保障措施和建议。

总之，通过生物质能的利用，尤其是被动型生物质能的广泛利用，可以保障能源供给的绿色化；以创新开发的高效、低排的生物质能系统技术和装备，可以保障农村用能的清洁化；将现代信息技术及能源服务管理模式与生物质能利用相结合，可以保障农村用能的便利化。

目　　录

第一章　生物质能技术发展现状与趋势⋯⋯⋯⋯⋯⋯⋯⋯⋯⋯⋯⋯⋯⋯⋯⋯1

　　第一节　国外生物质能发展现状与趋势⋯⋯⋯⋯⋯⋯⋯⋯⋯⋯⋯⋯⋯⋯1

　　第二节　国内生物质能发展现状与趋势⋯⋯⋯⋯⋯⋯⋯⋯⋯⋯⋯⋯⋯⋯3

　　第三节　生物质能分类与发展定位⋯⋯⋯⋯⋯⋯⋯⋯⋯⋯⋯⋯⋯⋯⋯⋯8

第二章　生活垃圾能源化、资源化利用系统⋯⋯⋯⋯⋯⋯⋯⋯⋯⋯⋯⋯⋯14

　　第一节　国内外生活垃圾能源化、资源化利用系统产业发展动向⋯⋯⋯14

　　第二节　生活垃圾能源化、资源化利用系统产业发展的方向与技术预测⋯17

　　第三节　生活垃圾能源化、资源化利用系统中重大技术问题与案例分析⋯18

第三章　农林废弃物能源化工系统⋯⋯⋯⋯⋯⋯⋯⋯⋯⋯⋯⋯⋯⋯⋯⋯⋯22

　　第一节　农林废弃物能源化工系统研究现状⋯⋯⋯⋯⋯⋯⋯⋯⋯⋯⋯22

　　第二节　农林废弃物能源化工系统综合利用的有效模式⋯⋯⋯⋯⋯⋯25

　　第三节　农林废弃物能源化工系统中重大技术问题分析⋯⋯⋯⋯⋯⋯45

　　第四节　农林废弃物能源化工系统发展趋势及总体路线⋯⋯⋯⋯⋯⋯47

第四章　畜禽粪污能源化工系统⋯⋯⋯⋯⋯⋯⋯⋯⋯⋯⋯⋯⋯⋯⋯⋯⋯⋯49

　　第一节　畜禽粪污利用现状与利用技术⋯⋯⋯⋯⋯⋯⋯⋯⋯⋯⋯⋯⋯49

　　第二节　畜禽粪污能源化工系统综合利用的有效模式⋯⋯⋯⋯⋯⋯⋯70

　　第三节　畜禽粪污能源化工系统典型案例⋯⋯⋯⋯⋯⋯⋯⋯⋯⋯⋯⋯91

　　第四节　畜禽粪污能源化工系统中的重大技术问题⋯⋯⋯⋯⋯⋯⋯⋯95

　　第五节　畜禽粪污能源化工系统发展趋势及总体路线⋯⋯⋯⋯⋯⋯⋯99

第五章　多种废弃物协同处置与多联产系统⋯⋯⋯⋯⋯⋯⋯⋯⋯⋯⋯⋯101

　　第一节　发展多种废弃物协同处置和循环利用形势与需求⋯⋯⋯⋯101

　　第二节　国内外多种废弃物协同处置发展现状⋯⋯⋯⋯⋯⋯⋯⋯⋯102

　　第三节　构建农村代谢共生产业园⋯⋯⋯⋯⋯⋯⋯⋯⋯⋯⋯⋯⋯⋯104

　　第四节　我国发展多种废弃物协同处置与多联产系统工程案例分析及

　　　　　　技术预测⋯⋯⋯⋯⋯⋯⋯⋯⋯⋯⋯⋯⋯⋯⋯⋯⋯⋯⋯⋯⋯105

第六章　特色农林废弃物功能材料系统⋯⋯⋯⋯⋯⋯⋯⋯⋯⋯⋯⋯⋯⋯108

　　第一节　特色农林废弃物资源分析⋯⋯⋯⋯⋯⋯⋯⋯⋯⋯⋯⋯⋯⋯108

第二节 特色农林废弃物功能材料系统关键技术发展与分析 …………………108

第三节 特色农林废弃物功能材料系统中的应用典型案例分析 ……………115

第七章 能源植物选育与种植系统 …………………………………………………122

第一节 发展能源植物的形势与需求 ………………………………………122

第二节 能源植物资源分析 …………………………………………………124

第三节 国内外能源植物研发进展和趋势 …………………………………139

第四节 能源植物能源炼制工程案例分析及技术预测 ……………………141

第五节 能源植物选育与种植技术 …………………………………………151

第八章 结论、目标与建议 …………………………………………………………153

第一节 结论 …………………………………………………………………153

第二节 目标 …………………………………………………………………154

第三节 建议 …………………………………………………………………158

第一章　生物质能技术发展现状与趋势

第一节　国外生物质能发展现状与趋势

生物质能源化利用技术是世界各国普遍需要解决的重大课题。特别是随着自然资源日趋短缺和废弃物数量激增，农林废弃物、畜禽粪污等生物质能的资源化、能源化利用越来越受到人们的重视。国外生物质发电，制备液体燃料、气体燃料及固体燃料等技术已实现了示范及产业化应用。

目前，国际上生物质发电技术是最成熟、发展规模最大的现代生物质能利用技术，截至 2017 年底，全球生物质发电累计装机约为 110 吉瓦，生物质发电技术在欧美地区发展最为完善。生物液体燃料方面，生物柴油和燃料乙醇技术已经实现了规模化发展。目前，世界生物柴油生产量约 3 000 万吨，燃料乙醇产量为 7 000 多万吨；欧洲联盟（以下简称欧盟）作为世界上最大的生物柴油生产和消费地区，其生产能力约 2 000 万吨，但受经济下滑和能源价格下跌影响，2017 年生产量为 1 800 多万吨；巴西和阿根廷的生产量分别为 300 多万吨和 200 多万吨。欧洲是沼气技术最成熟的地区，德国是目前世界上农村沼气工程数量最多的国家；瑞典是沼气提纯用于车用燃气最好的国家；丹麦是集中型沼气工程发展最有特色的国家，其中集中型联合发酵沼气工程已经非常成熟，并用于集中处理畜禽粪污、农作物秸秆和工业废弃物，大部分采用热电肥联产模式。欧美地区的成型燃料技术属于领跑水平，其相关标准体系较为完善，形成了从原料收集、储藏、预处理到成型燃料生产、配送和应用的整个产业链。目前，德国、瑞典、芬兰、丹麦、加拿大、美国等国的成型燃料生产量在 2 000 万吨以上。总体上，欧美地区在生物质发电、液体燃料、气体燃料、成型燃料等技术方面均属于领跑水平，多数生物质能技术实现了示范及产业化应用。

世界各国非常重视应用先进工程技术，提升农林废弃物的肥料化、饲料化、能源化、基质化及工业原料化水平，使技术向机械化、无害化、资源化、高效化、综合化发展，产品向廉价化、商品化、高质化、多样化和多功能化靠拢，以达到物尽其用、变废为宝、消除污染、改善农村生态环境、促进农业可持续发展、高效利用废弃物的目标。具体技术方向有：开发集储装备技术，以满足以农作物秸秆为原料的规模化饲养、工业化发电及液化、气化等新兴技术发展的需要；在国外，微生物强化堆肥技术在堆肥发酵工艺、技术和设备上已日趋完善，基本上达到规模化和产业化水平，但堆肥设施由于运行成本偏高在我国还没普遍应用；开发高效干法厌氧发酵技术，提高产气率的同时降低成本；利用麦秆、草和木材等农林生物质为主要原料的纤维素转化生产乙醇燃料技术；进一步开发生物质燃料发电、供热等能源化利用技术。2017 年，全球新增从事可再生能源工作的人数中，有约 3/8 从事生物质能工作，仅次于从事太阳能工作的人数。生物质能产量继续增长，也有助于满足一些国家日益增长的能源需求，实现环境目标。然而，生物质能行业也面临诸多挑战，尤其是来源于低油价及一些市场政策不确定性的挑战。

世界各国发展生物质能的行动计划包括：美国计划到 2025 年用生物燃料替代中东进口原油的 75%，2030 年用生物燃料替代车用燃料的 30%；德国预计到 2020年沼气发电总装机容量达到 950 万千瓦；日本计划在 2020 年前车用燃料中乙醇掺混比例达到 50%以上。另外，印度、巴西、欧盟分别制定了"阳光计划"、"酒精能源计划"和"生物燃料战略"，加大生物质燃料的应用规模。到 2020 年，欧盟生物质能需求量预计比 2010 年至少增加 44%，世界生物质燃料市场规模有望增长到 2010 年的三倍以上，实现 950 亿美元销售额，生物质能容量增至 135 吉瓦左右；预计到 2035 年，生物质燃料将替代世界约一半以上的汽油、柴油，经济环境效益显著。国际能源署（International Energy Agency，IEA）发布的有关生物燃料供给量预测结果如图 1-1 所示，2010~2050 年，生物燃料供给量从 2.5×10^{12} 兆焦增至 3.2×10^{13} 兆焦，约增加 12 倍。特别是生物乙醇、生物柴油、生物沼气等将有大幅增加。

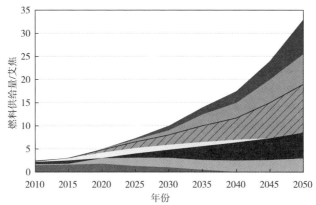

图 1-1　世界生物燃料供给量预测

自上至下依次为：生物甲烷、生物航空燃油、改进的生物柴油、传统的生物柴油、纤维素乙醇、
甘蔗乙醇、传统乙醇

资料来源：Technology Roadmap：Biofuels for Transport

从全球来看，生物质能源的主要发展趋势如下：通过科技创新，突破技术瓶颈，以生物炼制为主要方向，实现生物质资源的高效、高值化利用；由单一产品开发转向多产品联产；由发电和成型燃料等传统开发模式转向燃料乙醇、合成燃油和生物燃气等清洁生产模式；由单纯能源生产转向能源、化学品和材料综合开发；由传统农林废弃物利用转向城市有机废弃物和能源植物资源开发。其中，能源植物和二代生物液体燃料技术，如纤维素乙醇和合成燃料等，将是未来产业发展的重点和热点。

可以预料，发达国家在新一轮的能源革命中正努力占据科学技术制高点，颠覆性的技术突破呼之欲出。对具有技术和资源优势的国家来说，推动生物质能源产业化发展，将使生物液体燃料有可能由国内消费型转为出口型可再生能源。巴西早已开始实施燃料乙醇的出口计划，它是国际上第一个出口可再生液体燃料的国家。丹麦、瑞典、英国、德国和意大利也利用其技术优势，试图或正在进入我国的技术与装备市场。例如，丹麦向我国转让生物质发电技术与设备使用许可，德国的沼气与发电技术也早已在我国生物燃气市场被投入使用。

第二节　国内生物质能发展现状与趋势

我国政府极其重视生物质能源产业的发展，2006 年出台了《中华人民共和国可再生能源法》，针对燃料乙醇、生物柴油、生物质发电等具体产业制定了各类规范及实施细则，并运用经济手段和财政补贴政策来保障生物质能产业的健康发展。

在 2006 年制定的《国家中长期科学和技术发展规划纲要（2006—2020 年）》中，"农林生物质综合开发利用"优先主题提出，重点研究开发高效、低成本、大规模农林生物质培育、收集与转化关键技术，沼气、固化和液化燃料等生物质能及生物基新材料和化工产品等生产关键技术，农村垃圾和污水资源化利用技术，开发具有自主知识产权的沼气电站设备、生物基新材料装备等。在《国家中长期科学和技术发展规划纲要（2006—2020 年）》实施的十多年间，国家相关部委立项 461 项，国拨经费达 10 亿元，投入总经费超过 60 亿元。

在"十二五"期间，我国的一批生物质能利用技术已进入商业化早期发展阶段，生物柴油、生物燃气技术已进入商业化阶段；固体成型燃料、燃料乙醇生物质气化发电和生物基材料等受生物质原料的制约，尚需通过国家补贴等经济激励政策来促进商业化发展，二代生物液体燃料技术开发已取得明显进展，一些技术达到世界先进水平，主要包括二代燃料乙醇、合成燃料、生物质裂解油与生物汽油、柴油、航空燃油等。以小桐子油为原料制备的航空生物燃料在首都机场成功完成我国首次航空生物燃油的"试飞"试验。特大型生物燃气热电联产工程技术已与欧洲的技术趋同，投资更低，更适合在我国的产业化推广应用。

随着我国经济社会的发展，未来我国将面临更加严峻的能源消耗、环境保护等方面的压力，需要改变能源的生产方式来应对和解决这些压力。同时，农林废弃物和畜禽粪污等产生量与日俱增，这些生物质资源也需要更加合理的利用和转化。生物质能源工程科技的发展对于优化能源结构、促进生态环境改善具有重大意义。随着生物质能源在我国能源生产和消费结构中所占比重逐步上升，其将进一步发挥三种作用：一是生物质资源的能源化利用节省了化石能源，无疑是优化我国能源结构的一项重要战略选择；二是生物质资源利用本身具有清洁环保性，对环境影响小，加上生物质能利用技术的突破性进步，其全生命周期温室气体排放和污染物排放将更低，相比化石能源会发挥更加明显的环境保护作用；三是生物质能源的开发利用不仅可以变废为宝，因地制宜地解决农村地区电力供应和农民生活用能问题，也可以将生物质资源转换为商品能源，有力促进农村经济的发展，有效延长农业产业链，解决农村劳动力的就业问题。

在市场经济和产业化经营的今天，以高值化产品开发为目标，对农林废弃物资源综合利用是发展趋势之一。利用农林废弃物开发新型的生物材料、生化产品及石化替代产品和紧缺资源替代物的研究日益受到重视，极大地拓展了农林废弃物的资源化领域。当前农林废弃物资源化利用技术应在以下几个方面寻求突破：一是研究手段趋于多元性，提升或研发新的农林废弃物生态技术；二是研发方式趋于技术升级与系统集成，利用高新技术对传统技术与产品进行升级改造及技术系统集成；三是研发技术趋于智能化、规模化、专业化。现代信息技术、生物技术、计算机技术、先进制造技术、高分子材料等领域取得的重大科学突破，正深刻影响着我国现代农业高效利用废弃物资源技术的发展进程，为其科技含量大幅提升带来新的机遇与契机。现代农业高效利用农林废弃物资源技术研究正从"精量、高效、低耗、环保"等理念入手，开展前沿与重大关键技术研究，基于高新技术对传统技术与产品进行改造升级，强化各类农林废弃物资源化利用技术与方法间的有机紧密结合。

（一）生物质发电

生物质直燃发电是生物质能规模化利用的重要形式，我国的生物质发电起步较晚。2003年以来，国家先后批准了河北晋州、山东单县和江苏如东三个秸秆发电示范项目。2005年以前，以农林废弃物为原料的规模化并网发电项目在我国几乎是空白的。2006年《中华人民共和国可再生能源法》正式实施以后，生物质发电优惠上网电价等有关配套政策的相继出台，有力促进了我国生物质发电行业的快速壮大。2006~2017年，我国生物质及垃圾发电装机容量逐年增加，由2006年的4.8吉瓦增加至2017年的14.5吉瓦，年均复合增长率达10.57%，步入快速发展期。截至 2017 年底，我国生物质发电并网装机总容量为 14.8 吉瓦，其中，农林生物质直燃发电并网装机容量约 7.0 吉瓦，垃圾焚烧发电并网装机容量为 7.3 吉瓦，两者占比 97%，还有少量沼气发电、污泥发电和生物质气化发电项目。我国的生物质发电总装机容量已位居世界第三。在生物质发电技术方面，近几年我国生物质发电技术发展迅速，产业中主要应用的是生物质直燃发电技术，直燃发电技术中多数是引进丹麦水冷振动炉排秸秆直燃技术，设备价格昂贵，阻碍了直燃发电技术的推广，少数是采用气化发电技术。生物质直燃发电技术在锅炉系统、配套辅助设备工艺等方面与国外相比还有较大差距。气化发电技术存在效率低、规模小等缺点，在技术上限制了生物质发电技术的工业化应用。混烧发电技术还没有建立完善的混烧比例检测系统、高效生物质燃料锅炉及其喂料系统或生物质—煤混合燃料锅炉等。我国应确定先进生物质发电技术等为重要发展方向，在先进设备与装备和综合利用方面取得突破，研发出一系列生物质原料预处理及高效转化的核心技术，研制一批核心设备与成套装备，建设产业示范，突破产业发展障碍，为产业化提供支撑。

（二）生物液体燃料

我国在生物质制备液体清洁燃料技术方面，开展了木质纤维素原料生物高效转化技术、生物质水解、生物柴油、生物质快速热解液化等生物液体燃料方面的研究工作，在技术层面上有了进一步的积累，但相比国外技术，技术研发相对单一，装置的连续生产稳定性有待提高，缺乏生物液体燃料的精制技术与制造应用技术装备，这导致生物燃料产品和技术的工业化、产业化能力不强。生物柴油技术在我国已进入工业应用阶段，但是由于催化剂、精制工艺和副产物回收利用技术的开发力度不足，大多数生产系统都有油品转化率不高、产品质量不稳定等问题，高效催化剂、酶转化工艺和副产物回收技术是实现生物柴油产业化必须解决的关键技术问题；纤维素原料燃料乙醇生产技术多数研究尚处于中试阶段，主要技术障碍是缺乏高效纤维素水解工艺和微生物工程菌；生物质合成燃料技术在我国的研究尚处于起步阶段，主要科技需求为高纯度合成气生产、合成催化剂和先进的工艺设备等。在现阶段，我国需要不断地揭示反应机理，完善改进现有工艺，探索新型反应器和分离提纯术，促进技术发展。在藻类等能源植物培育和能源化转化方面，我国起步较晚，与国外相比技术研究和产业发展水平整体相对落后。

（三）生物燃气

（1）生物质制氢方面。我国开展的农作物秸秆废弃物水解—发酵两步耦合制氢的研究表明麦草秸秆水解—发酵两步耦合生物制氢的产氢能力达到 68.1 毫升/

克，与未经处理的底物相比提高了约 135 倍。我国开展的在流化床反应装置中对木质生物质进行催化热解制氢的研究发现氢气产量为 33.6 克/千克。另外，我国还采用连续管流反应器，对农林废弃物进行超临界水气化实验，氢气体积分数最高可达 41.28%。

（2）合成气方面。我国利用农林废弃物制备合成气的研究还比较少，研究主要集中在少数科研院所，并且大多数仍停留在实验室阶段。在自行研制的小型常压双流化床上进行生物质化学链气化制备高 CO/H_2 物质的量比合成气的实验研究中，燃料反应器温度为 820℃时，合成气中的 CO/H_2 物质的量比能达到 2.45。

（3）随着我国沼气技术的发展，大型干发酵系统将成为处理畜禽废弃物、农林废弃物和生活有机垃圾的重要选择。沼气提纯主要是对 CO_2 的去除，目前具有商业应用价值的提纯技术主要是变压吸附法、吸收法等，膜分离法也有少量应用。2003 年以后，我国大中型沼气工程建设速度明显加快。1999 年，我国大中型沼气工程数量仅为 746 处，总池容为 20.83 万立方米，年产气量为 3 947.06 万立方米，到 2007 年工程数量达到 8 576 处，总池容为 214.25 万立方米，年产气量为 2.912 7 亿立方米。2015 年，国家发展和改革委员会与农业部联合印发了《2015 年农村沼气工程转型升级工作方案》，提出政府将投资支持建设日产沼气 500 立方米以上的规模化大型沼气工程，年新增沼气生产能力 4.87 亿立方米，处理 150 万吨农作物秸秆或 800 万吨畜禽鲜粪等农业有机废弃物。

（四）生物质成型燃料

农林废弃物制备成型燃料的成型技术主要有冷压成型、热压成型和炭后成型；成型设备主要有辊磨挤压式、活塞冲压式和螺旋挤压式设备。我国生物质固体成型燃料技术已有明显的进展，生产和应用已初步形成一定的规模。截至 2017 年，国内生物质固体成型燃料生产量为 1 100 多万吨，主要用于农民炊事取暖用能、工业锅炉和发电厂的燃料等，替代标准煤 600 多万吨，减少产生 CO_2 1 300 多万吨，减排 SO_2 11 万多吨，为农民增收节支近 40 亿元。经济、社会、生态、环境效益显著。在生物质低能耗固体成型燃料装备研发与应用方面，我国研制了大规模、低能耗将原料预处理、粉碎、成型工艺组合集成为一体化、智能化的成型燃料生产设备，以乡镇为单位建立成型燃料厂，开发适合我国国情的农作物秸秆成型燃料技术，建成多个万吨级示范基地。

（五）生物质功能材料

高蛋白、纤维素是材料利用的有效成分，是农林废弃物材料化利用的重要领域，有着广阔的应用前景：利用农林废弃物中的高纤维性植物废弃物生产纸板、人造纤维板、轻质建材板等材料；利用甘蔗渣、玉米渣等制取膳食纤维产品，通过固化、炭化技术制成活性炭材料；利用炭化后的秸秆、稻壳生产钢铁冶金行业金属液面的新型保温材料；利用稻壳作为生产白炭黑、碳化硅陶瓷、氮化硅陶瓷的原料；利用含有酚式羟基化学成分的棉秆皮、棉铃壳等制成吸收重金属的聚合阳离子交换树脂。另外，农林废弃物可用做不同基质制作原料。玉米秸、稻草、油菜秸、麦秸等农作物秸秆，稻壳、花生壳、麦壳等农产品的副产物，木材的锯末、树皮、甘蔗渣、蘑菇渣、酒渣等二次利用的有机废弃物，鸡粪、牛粪、猪粪等养殖废弃物都可以作为基质原料。

表 1-1 汇总了我国生物质能发展战略咨询研究及至 2020 年、2035 年和 2050 年生物质能的发展目标。

表 1-1　我国生物质能发展战略咨询研究及发展目标

项目		2020 年	2035 年	2050 年
中国可再生能源发展战略研究丛书		年替代 5 599 万吨石油，减排 1 亿吨 CO$_2$；年替代 5 540 万吨标准煤，减排 1 亿吨 CO$_2$；共计：年产 1 亿吨"生物质油田"和减排 2 亿吨 CO$_2$		年替代 5 亿吨标准煤的化石能源
中国至 2050 年能源科技发展路线图		农村生物质燃料、第一代生物质能、商业化利用、生物质材料生产等	生物质替代石油技术（生物液体燃料、生物基材料、生物基大宗化学品）	能源植物、含油微生物规模化能源开发；藻类生物质利用技术
中国能源中长期（2035 年、2050 年）发展战略研究	生物乙醇、生物柴油、车用甲烷等三类产量	2 980 万吨标准油（积极） 2 281 万吨标准油（中间） 1 626 万吨标准油（常规）	8 370 万吨标准油（积极） 6 730 万吨标准油（中间） 4 090 万吨标准油（常规）	14 100 万吨标准油（积极） 11 460 万吨标准油（中间） 7 000 万吨标准油（常规）
	生物基工业制品	替代 1 200 万吨石油	替代 1 500 万吨石油	替代 1 800 万吨石油
中国生物质能技术路线图研究	资源保障	3.6 亿吨标准煤		
	技术路径	生物质产业高速发展时期，各项技术形成较完善的技术体系		
	效益评价	大部分生物质能源化利用技术综合效益大幅提升，可市场化推广		

我国可以通过突破研发生物液体燃料、气体燃料和成型燃料的高效清洁制备和利用技术，以及生物质先进燃烧和热电联产、藻类等高能值能源植物规模化培育及燃料转换技术，实现低碳能源转型，全面推动生物质能源生产和消费方式变革，生物质能源在能源消费中的比重大幅提高，为保证能源安全、实现能源多元化、促进环境保护和可持续发展提供重要支持。

国家能源局印发的《生物质能发展"十三五"规划》提出，到 2020 年，生物质能基本实现商业化和规模化利用，生物质能年利用量约 5 800 万吨标准煤。生物质发电总装机容量达到 1 500 万千瓦，其中农林生物质直燃发电 700 万千瓦，城镇生活垃圾焚烧发电 750 万千瓦，沼气发电 50 万千瓦；生物燃气年利用量 80 亿立方米；生物液体燃料年利用量 600 万吨[①]；生物质成型燃料年利用量 3 000 万吨。另据预测，到 2025 年和 2030 年，我国生物质发电规模将分别达到 0.6 亿千瓦和 0.8 亿千瓦，生物质能发电成本会进一步降低到与常规能源发电技术相近的水平；生物质成型燃料规模将分别达到年产 6 000 万吨和 8 000 万吨以上；生物燃气总规模年产不低于 6 000 万立方米；2030 年生物液体燃料规模将达到年产 1 000 万吨。生物质能科技发展对于促进能源结构优化、保障能源安全、稳定能源价格、维护能源市场正常秩序、节能增效、推动建立可持续发展型能源生产方式和消费模式、有效扩大内需、增加社会就业、优化区域环境、提高农村地区人民生活水平等的作用将更加明显。

第三节　生物质能分类与发展定位

一、主动型和被动型生物质能分类

长期以来，我国的生物质能发展不尽如人意，其中一个主要原因是对生物质的科学认识问题，认为其是可主动控制、可以规划、可以定量的正常能源，还是难以主动控制、难以规划、难以定量的废弃物、污染源，这直接影响政策的制定、模式的构建、技术的形成。因此，本书将生物质能分为被动型生物质能和主动型生物质能两类。被动型生物质能主要产生于农林废弃物、农副产品加工废弃物、生活垃圾及畜禽粪污等人类生产生活过程中被动排出的农村有机废弃物，这些废弃物具有总量大、用途多、被动性、密度低、收运难、价值小等特性。总量大，即分布相对分散，但其所蕴含的能量较大，每年产生的生物质类废弃物若进行能源化利用，相当于 10 多亿吨标准煤，当然，若处置不当，也是巨大的污染源，将导致直接碳排放量 50 多亿吨，导致面源污染包括 COD（chemical oxygen demand，化学需氧量）、氮、磷排放量超过 2 000 万吨，而且治理上述污染需每年消耗资金超过数万亿元；用途多，即生物质能是目前世界上唯一能转化为气、液、固燃料的可再生能源，可转化为多种形态的能源及资源，同时可以与化工、热工等多种转化方式相结合，具有转化路径多、利用方式广的特点；被动性，即生物质类废弃物是人们在生产生活过程中排出的废物，它的产生是必然的，也是无法消除的；

---

① 其中生物燃料乙醇 400 万吨、生物柴油 200 万吨。

密度低，即生物质类废弃物不同于传统化石能源，虽然其能替代化石能源，成为化工、热工过程的原料，但是其相较于化石能源，存在体密度低、能量密度低的特点；收运难，即由于生物质类废弃物具有分布较为分散，且密度低的特点，因此在收集运输过程中成本较高，难度较大；价值小，即由于生物质类废弃物能量密度低的特点，若将其进行单一转化，其附加值必定较低，因此必须开展多原料耦合的多联产技术及系统开发。其能源潜力巨大，10多亿吨标准煤/年，不仅可以补充能源，同时还可有效解决农村环境问题，从能源与环境的双重效益出发，应优先发展农村废弃物能源化利用技术。由于这部分物质不可控制、难以规划，因而，需出台新政策，构建新模式，因地制宜地开发利用。主动型生物质能产生于人为种植的能源作物，包括含油、含糖、含淀粉、含纤维素类的植物和水藻等，这部分物质可主动控制、可以规划、可以定量，可纳入正常能源体系，从能源和相关技术储备考虑，主动型生物质能应以应用基础研究和关键技术攻关为主，加强选种、育种、种植等方面的基础研究，加大转化关键技术的攻关。

二、"存量优化、增量替代"的生物质能发展定位

（一）能源存量结构分析

我国非化石能源总的能源消费量（水、核及风电）由 2000 年的 1.07 亿吨增加到 2015 年的 5.28 亿吨，占比从 7.3% 提升至 12.3%，特别是在"十二五"期间（2011~2015 年）保持了连续五年的增长势头（图 1-2）。

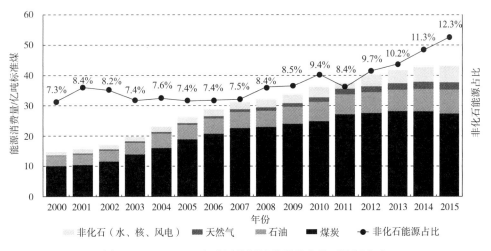

图 1-2 2000~2015 年我国能源消费量及非化石能源占比

我国非化石能源的消费主要是发电，热利用及燃料等次之。从 2015 年非化石

能源消费结构来看，发电占 87%以上，其中水电占 63%、风电占 10%、核电占 9%、太阳能和生物质能发电占 5%、地热和海洋能发电占 0.01%。

　　非化石能源发电量 2015 年达到 1.56 万亿千瓦时，占全国总发电量的 27.8%，比 2005 年的 18.3%提升 9.5 个百分点。生物质发电及太阳能发电分别占 3.4%和 2.5%（图 1-3）。

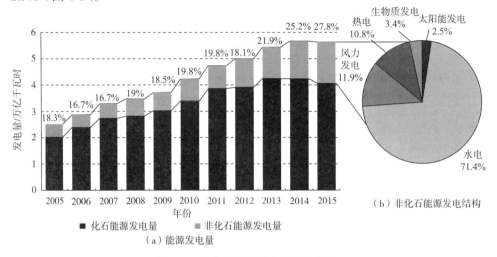

图 1-3　非化石能源发电及发电结构

　　BP（British Petroleum，美国石油）公司 2014 年的统计结果显示，世界主要发达国家和地区的能源消费中煤炭的比重均比我国 64%的占比要低很多（图1-4）。美国、欧盟和日本主要以石油为主。在非化石能源的消费方面，欧盟总体达到 24.9%，其中瑞典和法国是最典型的国家，占比分别达到了 72.0%和 49.8%。我国在非化石能源及天然气等清洁能源的利用方面与发达国家，最主要是环境相对清洁的国家相比还有较大提升空间。

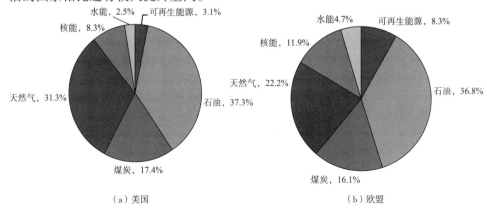

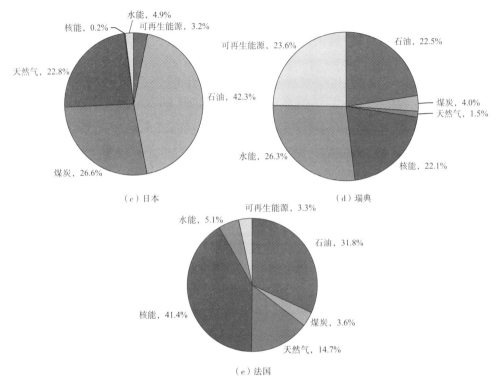

图 1-4 世界主要国家和地区能源消费结构

相比这些国家，我国以煤炭为主的能源结构是导致目前大气污染及碳排放总量大的主要原因。农村地区散煤消费在总煤消费中占 10%，相当于 4 亿吨标准煤。散煤因其价格便宜，在小锅炉、家庭取暖、餐饮用煤中被广泛使用，但基本上为分散式燃烧，由于没有采取除尘、脱硫等环保措施，污染物排放量要比火电燃煤高出 5~10 倍，成为污染的重要因素。另外，我国农村生活用能中秸秆、薪材也是主要能源，相当于 5 亿吨标准煤，目前粗放使用生物质能的情况严重，能源利用方式落后，应用高新技术的开发利用量（沼气、生物质和垃圾发电、生物乙醇、柴油等）仍较低，约为 2 680 万吨标准煤，仅占总能源消费量的 0.6%，导致排放大量的 CO_2 和烟尘等，严重影响生态环境和生活环境，提升潜力较大。综上所述，在存量结构中，至少有约 9 亿吨标准煤的散烧煤和农村薪柴等落后产能需要置换，以优化我国能源结构。

（二）能源增量需求分析

经济建设是我国"两个一百年"目标的核心内容，也是增强我国综合国力、提升百姓生活质量、加大国际话语权的物质基础。根据习近平主席关于我国未来经济新常态的论述，我国宏观经济的总体趋势仍将保持持续增长但增速逐步换挡回落。国内外对于中国经济未来趋势的研究中，比较一致地认同中国经济将在增速下降的情况下持续增长，经济总量仍将不断扩大。最保守的估计也认为经济总量在 2010~2020 年这 10 年间将翻一倍，并在 2030 年左右成为世界第一大经济体。人口方面，从当前到 2030 年，我国将在 2030 年达到人口峰值，达到 14.5 亿人。从城镇化进程来看，我国城镇化率及增速高于世界平均水平，2030 年中国城市人口比重将达到 68% 左右。随着城镇化发展，2020、2025 和 2030 年的城市人口比2015 年分别增加 0.81 亿人、1.47 亿人和 2.15 亿人。根据"十三五"规划及未来的预测，能源消费总量在 2020 年和 2030 年预计达到 48 亿吨和 55 亿吨标准煤。按人均能源消费推测，城镇化发展新增能源消费量在 2020 和 2030 年分别比 2015年增加 2.73 亿吨和 8.15 亿吨标准煤。图 1-5~图 1-7 分别显示我国未来人口和能源消费量的预测、我国未来城镇化率的预测、我国未来总能源消费增量与城镇化发展能源消费增量。

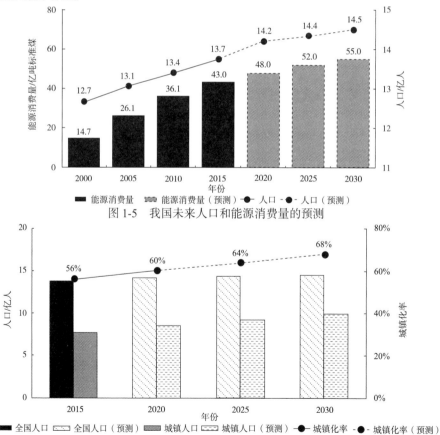

图 1-5　我国未来人口和能源消费量的预测

图 1-6　我国未来城镇化率的预测

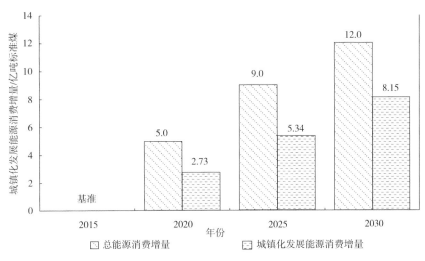

图 1-7 我国未来总能源消费增量与城镇化发展能源消费增量

（三）生物质能潜力分析

表 1-2 是我国生物质能潜力分析，将生物质能分为能源作物、农林废弃物与畜禽粪污三类，截止到 2015 年，三类物质所能产生的能量分别相当于 0.1 亿吨、5.7 亿吨、4.0 亿吨标准煤，并预计到 2020 年相当于 0.9 亿吨、5.9 亿吨、4.0 亿吨标准煤，到 2035 年相当于 1.7 亿吨、6.0 亿吨、4.0 亿吨标准煤。由此可见，我国能源作物、农林废弃物及畜禽粪污等生物质能，在 2020~2035 年每年开发潜力为 10.8 亿~11.7 亿吨标准煤，开发潜力巨大，可满足能源存量优化和增量替代的需求。

表 1-2 生物质能潜力分析 单位：亿吨

分类	2015 年		2020 年		2035 年	
	产生量	相当于标准煤	产生量	相当于标准煤	产生量	相当于标准煤
能源作物		0.1		0.9		1.7
农林废弃物	11.4	5.7	11.8	5.9	12.0	6.0
畜禽粪污	44.0	4.0	44.0	4.0	44.0	4.0
合计	55.4	9.8	55.8	10.8	56.0	11.7

第二章 生活垃圾能源化、资源化利用系统

第一节 国内外生活垃圾能源化、资源化利用系统产业发展动向

一、国外生活垃圾能源化、资源化利用系统产业发展动向

为应对自然资源储量下降和原生资源逐渐枯竭的危机，发达国家都十分重视对生活垃圾中的再生资源进行开发利用，并形成了规模庞大的再生资源产业。美国是世界上人均产量最大的垃圾制造国，每年产生的生活垃圾达 2.5 亿吨，人均每天产生 2.3 千克垃圾。纽约市作为美国人口最密集的大都市，自 1986 年开始实行垃圾分类制度，目前已建立了具有现实意义的循环利用目标、新的循环利用教育机制，建造了新的市内处理设施。循环利用的基础是"路边项目"，包括收集纸张、金属、玻璃和塑料等。为了永久性地降低项目费用，纽约市与私营企业签订长期合同，将私人资本引入循环利用领域，并赋予私营企业自行经营这些废品的权力。纽约市环保局还与市政府一同设立循环利用的百分比目标，利用市场研究来加强公众教育，建立堆肥选址工作组，在市政府设立纽约环境办公室，来开展循环利用、垃圾防治和宣传教育等工作。纽约市环保局还采取提高现有体系的运行效率、评估垃圾处理新技术、研究堆肥的可行性、评估其他新的垃圾处理技术，包括气化和厌氧发酵，并进行小规模试验等一系列措施来解决循环利用问题。同时，纽约市还更新现有垃圾成分数据，并实施全面的四季垃圾特性分选。这些研究有助于纽约市就一些问题做出决定，如是否扩大循环利用的范围，提高公众宣传力度等。总之，纽约市针对生活处理问题，制定了高标准的循环利用目标，建立了相应的生活垃圾处理体系和公众教育制度，以确保更多的垃圾得到有效利用，不仅做到节约、环保和对周边社区负责，还能从源头上减少生活垃圾的产生。

英国是世界上最早开展垃圾分类的国家，也是垃圾分类执行比较好的国家之一。伦敦严格采取垃圾分类收集，一般家庭有五个不同颜色的垃圾桶，对不同垃

圾进行分类。生活垃圾主要分为填埋类垃圾、纸类垃圾、可回收利用垃圾、食物垃圾和堆肥类垃圾。另外，伦敦市特别重视垃圾计量统计工作，该市98%的垃圾都经过计量。垃圾计量工作可以准确掌握城市垃圾的产量和组分，通过分析垃圾产量和组分的变化规律，可以为建立新的垃圾管理系统提供基础数据。20世纪80年代，英国主张垃圾填埋而不主张垃圾焚烧，直到1992年垃圾焚烧量还仅占垃圾总量的10%，但随着政府提倡焚烧法处理垃圾政策的出台，以及填埋处理成本逐渐高于焚烧处理成本的变化，伦敦的垃圾处理方式正从以填埋为主转向以焚烧为主。到2010年，垃圾焚烧率已由2001年的20%提高到30%。在垃圾再生利用方面，伦敦市近几年来家庭垃圾的循环利用量几乎翻了一番，有的行政区再利用比例已升至40%。

　　日本是生活垃圾处理方面技术和理念最为先进的国家之一。东京是日本的首都，面积仅占日本领土的0.04%，但人口占日本总人口的10%，城市面积和人口的不成比例，加剧了生活垃圾处理的难度。为解决生活垃圾处理问题，日本主要采取以下措施：一是实行垃圾排放收费制度，减少垃圾排放。垃圾排放必须缴纳相关处理费用，这笔费用成为垃圾处理企业的巨大收入。二是细化垃圾分类回收。日本垃圾分类做得非常细致，分为可燃垃圾、不可燃垃圾、资源垃圾、大宗废弃物垃圾等。三是垃圾分类处理，垃圾变废为宝。根据不同的分类，采取不同的垃圾处理方式，并注重垃圾的循环利用。东京市的23个特别行政区在生活垃圾处理方面，以减少最终填埋量为目的，明确提出了"3R"（reduce、reuse、recycle）原则，即减量控制、回收利用和循环再利用。2007年，东京市的23个特别行政区共产生生活垃圾322万吨，其中资源回收为60万吨，最终填埋的为61万吨，其余大部分采用焚烧处置。截至2009年，东京市建有垃圾焚烧厂21座，垃圾焚烧的比例占所有处理方式的60%以上。日本注重垃圾焚烧资源化利用，垃圾焚烧产生的热能用于发电或对外提供热源。2008年东京市21座垃圾焚烧发电厂共发电10.3亿千瓦时，出售电力4.3亿千瓦时，获利44.4亿日元。另外，采用熔融的方法对垃圾焚烧过程中产生的飞灰进行处置后的产物可作为建筑材料被应用于人行道建设、地基改良等工程。2008年东京市总计利用熔融方法处置8.5万吨飞灰生成再生建材。

二、国内生活垃圾能源化、资源化利用系统产业发展动向

　　由表2-1的数据可以看出我国城市生活垃圾处理产业的发展情况。生活垃圾清运量逐步提高，反映了我国产生的城市生活垃圾得到有效的处理，越来越多的生活垃圾进入处理系统，随意丢弃行为逐步减少；垃圾处理厂数量持续增加，反映了我国城市生活垃圾处理设施、处理能力逐步增强；无害化处理量和处理率的

增长，反映了我国处理生活垃圾的环境目标逐步得到实现。从无害化处理内部的实现方式看，卫生填埋的比例仍然很高，2012年以前每年都超过了70%，填埋不仅占用了大量的土地资源，而且生活垃圾的许多成分会产生渗漏，污染地下水。实际上，卫生填埋是将当代人处理生活垃圾的责任转嫁给后代。堆肥是我国生活垃圾处理最早采用的方式之一，由于垃圾焚烧技术的发展，以及垃圾发电带来的巨大收益，焚烧一度成为生活垃圾处理的重要方式，而垃圾焚烧带来的气体污染问题引起社会的广泛关注。以我国2016年生活垃圾处置现状为例，能源化、资源化利用率仅为31%。

表 2-1　基于垃圾清运量的我国垃圾无害化处理率

年份	清运量/万吨	无害化处理厂数量/座	无害化处理量				无害化处理率
			总处理量/万吨	卫生填埋量/万吨	焚烧量/万吨	其他量/万吨	
2016	20 362.0	940	19 673.8	11 866.4	7 378.4	428.9	96.6%

资料来源：《中国统计年鉴 2017》

从我国生活垃圾处理的省域差异来看，生活垃圾处理水平与经济发展水平有着密切的联系。图2-1显示了我国城市生活垃圾无害化处理率的省域差异。

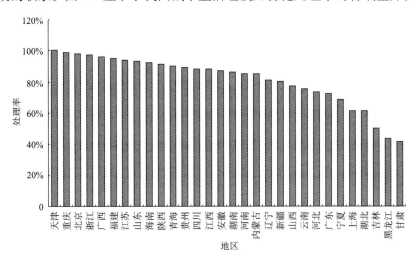

图 2-1　2016 年我国城市生活垃圾无害化处理率（将卫生填埋归为无害化处理）

西藏、香港、澳门、台湾数据暂缺

资料来源：《中国统计年鉴 2017》

我国城市生活垃圾实际利用率并没有上文表述的那么高，因为按照发达国家标准，生活垃圾中用于卫生填埋的部分并不能计入实际利用中，同时我国的垃圾无害化处理率是基于城市垃圾清运量计算，而发达国家是按照人均统计计算，即我国有大量的未清运垃圾没有被计入生活垃圾处理总数中。按照不完全统计，目前我国已清运垃圾只占总垃圾量的 40%。按照上述数据进行计算，将填埋的垃圾计入未资源化、能源化利用的生活垃圾中，以我国 2016 年生活垃圾处置状况为例，能源化、资源化利用率仅为 31%，如果按照总垃圾量计算，目前我国生活垃圾能源化、资源化利用率仅为 12%。

第二节　生活垃圾能源化、资源化利用系统产业发展的方向与技术预测

我国未来的生活垃圾处理趋势为"源头分类+垃圾分选+综合处理/利用"。在源头上，生活垃圾可被划分为可回收物、厨余垃圾、有害垃圾和其他垃圾，目前源头分类已经在北京、上海、广州、深圳等少数几个大城市推广。然而，对于我国的大部分中小城市和县城，源头分类目前很难开展，处理的仍然是混合垃圾，因此，近期只能采用"垃圾分选+综合处理/利用"的模式，实现垃圾减量化、无害化、资源化。

"垃圾分选+综合处理/利用"模式见图 2-2。混合垃圾经过分选后，分别得到可发酵有机物、可燃有机物、金属、无机部分。其中，可发酵有机物经过厌氧发酵后得到沼气，沼气可以直接热电联产发电供热，也可以经过净化提纯后生产生物天然气，通过入网、压缩或液化后进一步得到管道天然气（pressurized natural gas，PNG）、压缩天然气（compressed natural gas，CNG）和液化天然气（liquefied natural gas，LNG），厌氧发酵后的残渣通过堆肥腐熟生产有机肥，或与无机肥复混后生产有机–无机复合肥；可燃有机物可以直接进行焚烧发电，也可以经过压缩成型后生产垃圾衍生燃料（refuse derived fuel），用于替代煤、油、气等传统燃料；回收的金属销售给金属回收加工企业；无机部分用于填埋或生产地砖等建筑材料。通过垃圾分选及各项转化技术，我们可以实现垃圾变废为宝，将垃圾产品化。

另外，采用"垃圾分选+综合处理/利用"模式，我们不仅可以处理现在的混合垃圾，还可以处理已经填埋的存量垃圾，实现"城镇矿山"开发。针对大部分中小城市和县城的简易垃圾填埋场，我们将已填埋的垃圾重新进行分选和综合处理/利用后，可以实现存量垃圾的减量化、无害化、资源化，并腾出土地资源。

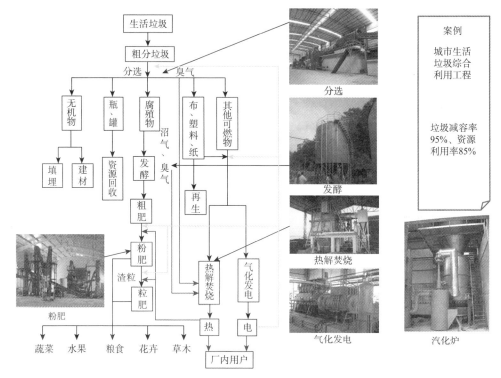

图 2-2　　"垃圾分选+综合处理/利用"模式

第三节　生活垃圾能源化、资源化利用系统中重大技术问题与案例分析

目前，我国有关生活垃圾开发的生物转化、物理转化、化学转化技术已有很多，但长期以来国家没有像对生物、材料、信息等领域那样重视和支持生活垃圾能源化、资源化利用领域的科技创新，因此，无论是创新平台，还是技术水平都比较落后，缺少系统的技术，更谈不上有自主创新的产业。生活垃圾成分极其复杂，其涉及的技术远比单一物质的转换技术难，涉及的学科也多，既有许多关键技术突破问题，也有许多技术集成创新问题，更需要通过各种创新要素的协同创新来完成。

因此，目前我国需大力开展以近零排放为目标的生活垃圾能源化、资源化利用技术体系研究，解决生活垃圾的收集和运输难、过程污染重、生活垃圾提质转化效率低、重金属污染重、氮素控制难，以及转化过程中二次污染不易控制等难题；重点研究和开发热转化、生物转化、源头控制污染等技术群及单元技术集成、耦合和优化系统，以打造能源产业、肥料产业、废塑料基化工原料/能源产业及相关装备产业；形成生活垃圾能源化、资源化利用领域的技术创新和集成技术创新，积极建立相关科技创新平台，为早日形成这一新兴产业提供有力的技术支撑。

针对我国的生活垃圾，以构成废弃物的基本元素为依据——由碳、氢、氧、氮等四大基本元素构成，以物理组成、化学性质和生物特性科学分析为基础——其主要物质是蛋白质、碳水化合物、纤维质等天然生物质和塑料、橡胶、人造纤维、泡沫塑料等人工合成的高分子聚合物，以物质的降解差异性为切入点——天然生物质容易降解，而人工合成的物质难以降解，优选生物转化和热转化的技术方案，可以有效地解决传统处理方式单一、技术设备落后导致的资源化利用率和产品品质低、处理成本高、二次污染不易控制等难点问题，从而形成新型资源化和能源化利用共性技术、系列单项技术、技术优化与集成的整体技术路径。总体技术路线如图 2-3 所示。

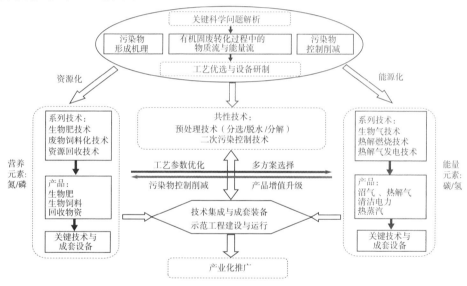

图 2-3　总体技术路线

图 2-4 技术路径中形成了基于近零排放的生活垃圾密闭自动分选、生物肥、生物气、生物电技术、热解燃烧、热解气和气体发电等技术，构建了各种生活垃圾高效清洁综合利用技术体系，实现了变废为宝，将废弃物转变为清洁的电能、热能、化工原料、液体燃料、金属和无机制品等，实现了废弃物减容率达 95%以上、资源化利用率达 85%，可以有效地减少煤、重油、化肥的使用，大幅度降低碳、氮、磷、COD 等面源污染物的排放，不仅解决了废弃物污染的问题，还可节约资源和能源。

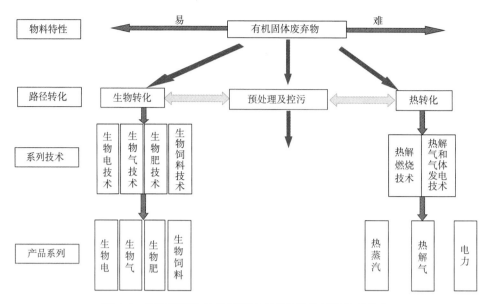

图 2-4　基于降解性的有机固体废弃物转化利用系列技术

　　针对每种不同的利用方式，我们提出基于各类元素的逆生产工艺，包括能量元素、营养元素、有机元素、无机元素、金属元素等，下面将在图 2-5 和图 2-6 中列出部分技术路线图。

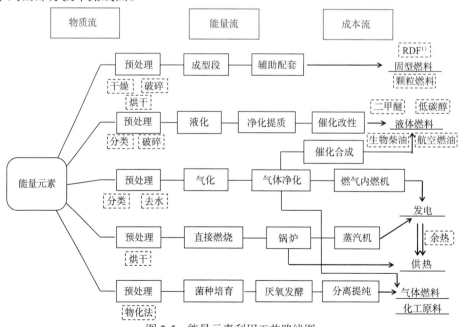

图 2-5　能量元素利用工艺路线图

1）RDF：refuse derived fuel，垃圾衍生燃料

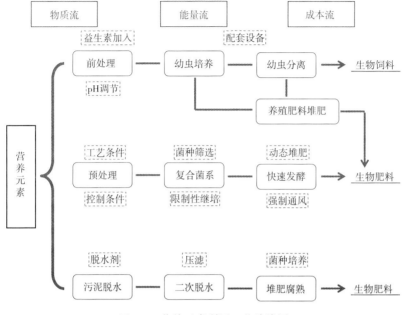

图 2-6 营养元素利用工艺路线图

第三章 农林废弃物能源化工系统

第一节 农林废弃物能源化工系统研究现状

　　能源是现代社会赖以生存和发展的基础，清洁燃料的供给能力关系着国民经济的可持续性发展。我国是能源消耗大国，发展可再生能源日益紧迫。作为唯一含碳元素的可再生能源，我国的生物质资源非常丰富，随着造林面积的扩大和经济的发展，可能源化利用的生物质资源达 4.6 亿吨标准煤。如图 3-1 所示，农林废弃物是我国生物质资源的主要组成部分，占比达 65.1%，农林废弃物资源在我国年产至少 11 亿吨。

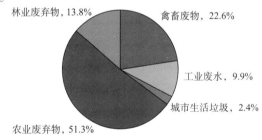

图 3-1　我国各种生物质资源量比例图

　　农林废弃物包括农业废弃物和林业废弃物。农业废弃物是指在整个农业生产过程中被丢弃的有机类物质，包括农业生产过程中产生的植物残余类废弃物、畜牧渔业生产过程中产生的动物类残余废弃物、农业加工过程中产生的加工类残余废弃物和农村城镇生活垃圾等。代表性的农业废弃物主要有农作物秸秆、禽畜粪污和餐厨垃圾等。林业废弃物包括林业"三剩物"（采伐剩余物、造材剩余物、木材加工剩余物）和废旧木质材料，主要指树枝桠、树叶、树皮、木屑、锯末、废旧木材制造品等。农林废弃物呈现出数量大、品质差、价格低、危害多的四大污染特点。当前接近 60% 的农林废弃物被直接就地燃烧，产生了非常严重的环境污染。并且，由于农林废弃物以散、抛形式存在，具有资源分布离散的特点，这严重制约了农林废弃物的大规模资源化利用。如何实现农林废弃物高值化利用是当务之急。

目前农林废弃物资源化利用的主要途径有肥料化、原料化、基料化、饲料化和燃料化。其中，肥料化主要有直接粉碎还田、生物腐熟肥料、生物反应堆肥和堆沤还田等技术；原料化主要有人造板材生产、复合材料生产、清洁制浆技术和木糖醇生产等技术；基料化包括食用菌基料、花木基质和园林覆盖物等技术；饲料化主要包括自然发酵技术、碱化/氨化技术、压块饲料加工和揉搓丝化加工等技术；燃料化，即能源化，主要包括固化成型燃料、碳化制炭、沼气生产、纤维素乙醇、热解气化制气和直燃发电等技术。

一、能源化工利用主要技术路线

农林废弃物能源化工利用技术路线主要有燃烧、热解、液化、气化、沼气和成型技术等（图 3-2）。燃烧技术是利用农林废弃物生产热能的传统办法，燃烧过程中产生的能量可被用来发电或供热。热解技术是将农林废弃物在无氧条件下加热或在缺氧条件下不完全燃烧，最终使其转化成高能量密度的气体、液体和固体产物。液化技术是一个在高温、高压条件下进行的热化学过程，其目的在于将农林废弃物转化成高热值的液体产物，实质上是将固态大分子有机聚合物转化为液态小分子有机物质。气化技术是以氧气（空气、富氧或纯氧）、水蒸气或氢气作为气化剂，在高温下通过热化学反应将农林废弃物的可燃部分转化为可燃气。沼气技术是将农林废弃物在适宜的温度、湿度、酸碱度和厌氧的情况下，经过微生物发酵分解作用产生沼气可燃气。成型技术是用成型机将松散的生物质原料在高压条件下，依靠机械与生物质之间及其生物质相互之间摩擦产生的热量或外部加热，使木素软化，经压缩成型得到具有一定形状和规格的新型燃料。

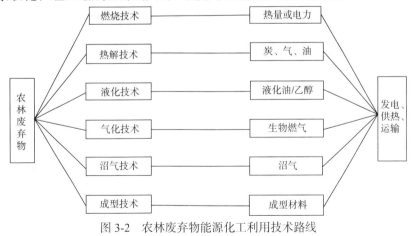

图 3-2　农林废弃物能源化工利用技术路线

二、国内外应用与发展现状

发达国家对农林废弃物的传统能源化利用技术已较为成熟。欧盟十分重视农林废弃物能源的转化利用，农林废弃物能源目前已成为可再生资源的主要组成部分。2014 年，瑞典有 15% 的能源供应（如发电等）来源于农林废弃物形成的生物燃料。自 2011 年开始，瑞典的生物质能源使用率已经超过了石油消耗量，占总量的 31.6%，取代石油成为主要能源之一。瑞典生物质成型燃料的年使用量为 150 万吨，约 25% 的集中供热都是由生物质成型燃料完成的。在奥地利，可再生能源供给占该国能源消耗量的 27%，生物质能源的供给占其中的 13%。这些生物质 98% 来自薪材、树皮、木屑及其他的森林工业副产品。截至 2005 年底，德国的沼气工程有 2 700 处，全部沼气用来发电，总装机容量达到 650 兆瓦。荷兰 BTG 集团基于旋转锥反应器提出 BTG 快速热解技术，它可以有效地防止焦炭形成，热解产品中生物油含量的质量分数达 75%，而焦炭和气体产物的质量分数仅为 15%，利用该技术的商业规模在 2~100 吨/时。截至 2017 年，美国有 350 座生物质发电站，主要分布在纸浆、纸产品加工厂和其他林产品加工厂，这些工厂大多位于郊区，发电装机总容量达 700 兆瓦，提供了大约 6.6 万个工作岗位。美国科卢萨生物质能源公司建设的稻草/稻壳生物炼制商业应用项目，每年消耗约 13 万吨生物质废弃物，可生产 1 200 万加仑[①]乙醇。

我国在农林废弃物等生物质能源转换技术的研究开发方面做了许多工作，取得了明显的进步。2017 年，我国生物质发电总装机容量达 14.5 吉瓦，居世界第三位；生物液体燃料产量 350 万吨，居世界第四位；生物质成型燃料产量约为 1 100 万吨。2014~2017 年我国共建设了 400 个生物质成型燃料锅炉供热示范项目，总投资达 200 亿元。但相对于能源消费总量，生物质能发展与其他国家相比仍然很缓慢。安徽芜湖一木材厂建立了年处理能力达万吨以上的木材固定床热解系统；2012 年，我国建立了两个年生产能力达 2 万吨的生物柴油新技术应用示范工程，海南神州新能源建设开发有限公司在清华大学研究成果的支撑下，在澄迈老城经济开发区建成日产 20 000 立方分米沼气高效厌氧发酵示范工程，沼气经净化提纯后的产品（车用甲烷）的各项指标全部达到或超过国家车用 CNG 标准；成都德通环境工程有限公司在江苏盐城建设的大丰市海洋奶牛场沼气工程，以奶牛场废水为原料，建成两个 6 000 立方米完全混合式反应器（continuous stirred tank reactor，CSTR）发酵罐和一个独立式膜气柜；中石油以农林废弃物为原料，完成了 3 000 吨/年纤维素乙醇中试装置工作。

---

① 1 加仑（美）≈3.785 升。

三、农林废弃物高值化利用趋势

农林废弃物目前的应用主要集中在生物质能发电、供热及生产液体燃料方面，诸多研究表明，农林废弃物不仅可以生产能源产品，还可以生产高附加值的化工产品等替代石油资源，生产我国急需的高品位燃料和化工产品。石油化工的一个重要途径是通过分馏和催化转化等技术，把化石能源石油转化为各种化工产品，最大限度实现对石油高附加值利用。Bungay 在 *Science* 上指出生物质资源可以通过石油化工的多种技术途径转化为燃料和化学品等产品。以农林废弃物为基础的化学工业必须打破原来仅用农林废弃物来发电、供热或生产燃料，必须充分利用原料中的各种组分，通过不同的转化技术，才能将其转化为高品质的能源产品和高附加值的化工产品，实现农林废弃物充分利用和产品价值最大化。因此，本书提出的农林废弃物能源化工技术必将成为农林废弃物综合利用的必然发展方向，可实现农林废弃物高值化利用，具有重要的经济、社会和环境效益。

第二节　农林废弃物能源化工系统综合利用的有效模式

农林废弃物能源化工系统可将农林废弃物转化成多种高品质能源产品和高附加值化工产品，实现农林废弃物高值利用。其主要的利用模式如图 3-3 所示，通过先进的成型技术、催化气化、催化热解、催化液化及炭化改性等技术，生产高品质的能源产品，如成型燃料、生物燃气、液体燃料和汽油、柴油、航空煤油等，以及高附加值的化工产品，如化学品、药品和碳基材料等。

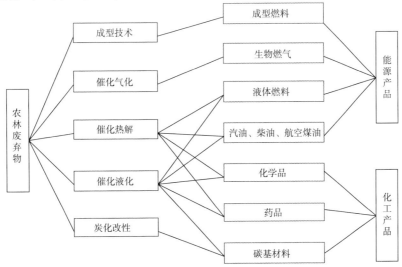

图 3-3　农林废弃物能源化工系统利用模式

一、农林废弃物制备高品位生物燃气技术

农林废弃物通过催化热解、催化气化、超临界转化、发酵、催化重整、费托合成等技术可以制备高品位的生物燃气（氢气和合成气）及高附加值化学品（低碳烯烃），如图3-4所示。

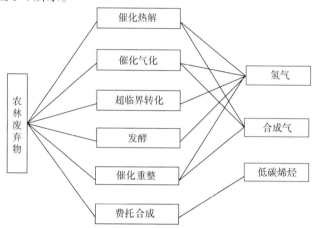

图 3-4　农林废弃物制备高品位生物燃气技术路线

（一）氢气

氢气具有燃烧热值高、能量密度大、热效率高、清洁无污染、输送成本低、用途广泛等优点，被认为最有可能成为石化燃料的替代能源。农林废弃物制氢技术主要有发酵、催化气化、催化热解、超临界转化、催化重整等。

1. 发酵技术

目前发酵制氢研究主要集中在厌氧微生物发酵制氢、光合微生物制氢和厌氧光合微生物联合制氢等方面。Dokuz Eylul 大学探讨了以小麦秸秆作为原料进行光发酵—暗发酵过程中的最佳产氢的暗光生物量比，结果表明暗光生物量比例为 1/7 时产氢最优，此时产氢发酵速率高于单纯的光发酵或者暗发酵。郑州大学开展农作物秸秆废弃物水解—发酵两步耦合制氢的研究，结果表明麦草秸秆水解—发酵两步耦合生物制氢的产氢能力达到 68.1 毫升/克，与未经处理的底物相比提高约 135 倍。

2. 催化气化技术

日本中部大学对豆渣进行气化制氢研究，在 673 开温度下向样品中加入碱和金属镍催化剂，结果表明加入适量的碱或镍可以提高氢气的产量。加拿大圭尔夫

大学在连续进料流化床反应器上对锯末进行气化研究，实验结果表明，氢气产量分别在硫/硼=0.83、氧化钙/硼=2 和温度=710℃处达到最大，依次为 230.28 毫升/克、375.56 毫升/克和 315.08 毫升/克。华中科技大学探究镍基生物炭催化剂对生物质气化的影响，发现镍基棉秆炭能够有效促进挥发分重整，氢气最高产量达 92.08 毫克/克；同时还研究氧化钙对生物质水蒸气气化的影响，发现氧化钙具有催化剂和吸附剂双重作用，得到的气体中氢气含量的体积分数达 71%，氧化钙对 CO_2 吸附率达 90%。

3. 催化热解技术

西班牙巴斯克大学采用锥形喷动床反应器和流化床反应器串行反应装置对松木木屑进行连续快速热解制氢的研究，结果表明，在温度为 600℃、硫/硼=4 等条件下，氢气产量最大，达 117 克/千克生物质，比直接蒸汽气化或油的精炼所产氢气量要高。天津科技大学用流化床反应装置对木质生物质进行催化热解制氢的研究，发现添加 $NiMo/Al_2O_3$ 催化剂时，在 723 开温度下，氢气产量为 33.6 克/千克。

4. 超临界转化技术

超临界转化制氢技术是利用超临界状态下的水作为反应介质，生物质在其中进行热解、氧化、还原等一系列热化学反应。加拿大西安大略大学研究发现，超临界环境改变了催化剂的物理和化学结构，抑制了金属与载体之间的烧结，提高了催化剂的活性和稳定性。加拿大萨斯喀彻温大学对生物质废弃物做了超临界水气化制氢过程优化的研究，结果表明，超临界水气化制氢过程中，K_2CO_3 和 $20Ni-0.36Ce/Al_2O_3$ 是最合适的均相和非均相催化剂。西安交通大学采用连续管流反应器，对农业废弃物进行了超临界水气化实验，氢气体积分数最高可达 41.28%。

5. 催化重整技术

对生物质热解、气化或水解后的产物进行催化重整制氢，可以显著提高制氢效率，主要的催化重整有蒸汽重整、水相重整、自热重整和光催化重整。蒸汽重整是将热解产物进行二次高温催化裂解，在催化剂和蒸汽作用下将焦油裂解为氢气，然后对二次裂解气体进行催化重整，将 CO 和甲烷转换为氢气。针对蒸汽重整的产氢率低的问题，美国 Wisconsin 大学提出利用生物质解聚产生的糖或醇类进行水相重整制氢。水相重整是在较低温度下利用催化剂将液相产物转化为氢气、CO 等。自热重整即在蒸汽重整基础上加入适量氧气，以氧化吸附催化剂表面的半焦前驱物，避免积炭结焦。光催化重整是指在室温下利用催化剂和光照对生物质进行重整，并对气体产物进行分离收集从而得到氢气的反应。

（二）合成气

合成气是富含氢气、CO 和少量 CO_2 的混合气体，它可以作为中间体用于精制或合成各种高品质液体燃料和化工产品，如氢气、甲醇、二甲醚和各种费托燃料等。农林废弃物制备合成气主要有两种技术途径：一是直接将农林废弃物在气化炉中气化，然后对产生的燃气进行重整变换制成合成气；二是先使农林废弃物在中温下进行快速热解得到生物油，然后将生物油气化，经重整变换制成合成气。图 3-5 给出了通过途径一的技术制备合成气或氢气的工艺路线。经干燥粉碎后的农林废弃物在气化炉中与气化介质（水蒸气、氧气、空气）剧烈反应，生成大量的气化气（含有颗粒物、焦油及无机矿物），气化气通过净化提纯后再进行后续处理（催化重整、水气转换、分离氢气和 CO_2 等），最终得到高热值的氢气或合成气。

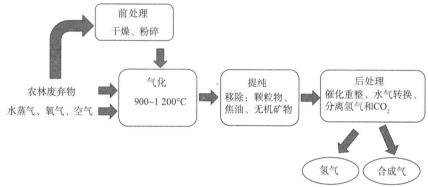

图 3-5　氢气或合成气的合成工艺路线

西班牙埃斯特雷马杜拉大学以橄榄废弃物为原料，在圆柱形固定床反应器上研究了温度对生物质催化气化制合成气的影响，得出提高温度有利于制取氢气和 CO 的结论。加拿大悉尼大学以木屑为原料，研究了由共沉淀法制得的 $Ni/CaAlO_x$ 中 Ca 的添加对合成气组成的影响，得出通过改变催化剂中 Ca 的含量来调控合成气中 CO/H_2 比，因此，镍/$CaAlO_x$ 有调控合成气组成的潜力。东南大学在自行研制的小型常压双流化床上进行生物质化学链气化制备高 CO/H_2 物质的量比合成气的实验研究，结果表明，燃料反应器温度为 820℃时，合成气中的 CO/H_2 物质的量比能达到 2.45。

加拿大 Saskatoooon 大学分别以 CO_2、氢气和水蒸气为气化介质对生物油气化进行了研究，生物油进料速率为 5 千克/时，采用固定床反应器，反应在常压、800℃下进行，所得合成气氢气+CO 体积分数为 75%~80%，其中氢气体积分数为 48%~52%。中国科技大学进行了生物油水蒸气重整制氢/富氢合成气的研究，生物油在 600~850℃的条件下进行水蒸气气化制备富含氢合成气，得到的氢气/

（CO+CO₂）的体积比在 1.49~1.87，所得气体可以进一步纯化制氢，也可以作为合成气合成高品质液体燃料。

日本、美国及欧洲一些国家在农林废弃物制合成气技术领域进行了长期、系统的研究，一些工艺技术目前已进入成熟的商业化运营阶段。美国能源有限公司以高含碳原料（生物质、废轮胎、石油渣）为原料，通过热解蒸汽重组技术，生产富含 CO 和氢气的合成气，氢气的纯度可达 96%。与传统商业系统相比，该系统有效地减少了氢气的提纯成本。我国利用农林废弃物制备合成气的研究还比较少，研究主要集中在中国科学院广州能源研究所、华中科技大学、中国科技大学生物质洁净能源实验室等少数科研院所，并且大多数仍停留在实验室阶段。

（三）低碳烯烃

低碳烯烃包括乙烯、丙烯、丁烯，被广泛用于生产塑料、纤维等化工产品，是基本且重要的化工原料，更是现代化学工业的基石。传统方法是通过石脑油裂解获得低碳烯烃，对富煤、贫油、少气的我国来说，开发农林废弃物等非石油资源制备低碳烯烃的方法具有重要的社会意义和战略意义。德国科学家 Fischer 和 Tropsch 发明了煤气化生产液体燃料的费托过程，研究人员对催化剂和催化过程展开大量研究，该技术成为碳资源领域 GL（gas to produce liquid fuel，由气体制液体燃料）重要技术，也是目前唯一有效的合成气直接转化制低碳烯烃的路径。

中国科学院大连化学物理研究所提出了不同于传统费托过程的合成气直接转化制烯烃的新路线〔OX-ZEO（oxide-zeolite，氧化物–多孔沸石）过程〕，创造性地采用一种新型的双功能纳米复合催化剂，可将煤气化产生的合成气（纯化后的 CO 和氢气混合气体）直接转化，高选择性地一步反应获得低碳烯烃（高达 80%），且 C₂~C₄ 烃类选择性超过 90%，打破了传统费托过程低碳烃的选择性理论极限 58%，同时高于 61% 费托路径的最好结果，而且催化剂在 110 个小时的测试过程中性能保持稳定。

二、农林废弃物制备成型燃料技术

农林废弃物作为一种散抛型、低容重的能源形式，具有的资源分散、能量密度低、容重小、储运不方便等缺点，严重制约了其大规模应用。压缩成型技术是农林废弃物的一种简单、实用、高效的利用形式，为高效利用农林废弃物提供了一条新的途径。农林废弃物制备成型燃料技术是用成型机将松散的生物质原料在高压条件下，依靠机械与生物质之间及生物质相互之间摩擦产生的热量或外部加热，使木素软化，经压缩成型得到具有一定形状和规格的新型燃料。农林废弃物制备成型燃料的技术和设备如图 3-6 所示。成型技术主要有冷压成型、热压成型和炭后成型；成型设备主要有辊模碾压式、活塞冲压式和螺旋挤压式设备。

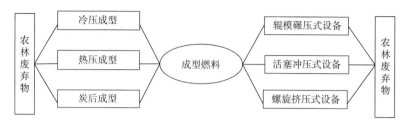

图 3-6　农林废弃物制备成型燃料的技术和设备

（一）成型技术

1. 冷压成型

冷压成型又称湿压成型，常用于含水量较高的原料。原料在常温下，浸泡数日水解处理后，其压缩成型特性明显改善，纤维变软、湿润皱裂并部分降解，易于压缩成型。

2. 热压成型

热压成型是目前普遍采用的致密成型工艺。其工艺流程为：原料粉碎→干燥→混合→压缩成型→冷却→包装，这种工艺采用的是在一定温度条件下将生物质原料压缩成型的方法。

3. 炭后成型

根据工艺流程不同，炭后成型工艺又可分为两类：一类是先成型后炭化，另一类是先炭化后成型。

1）先成型后炭化工艺。工艺流程为：原料→粉碎干燥→成型→炭化→冷却包装。

2）先炭化后成型工艺。工艺流程为：原料→粉碎除杂→炭化→混合黏结剂→挤压成型→成品干燥→包装。

（二）成型设备

1. 辊模碾压式

辊模碾压式成型机根据压模形状的不同，可分为平模碾压式成型机和环模碾压式成型机。用辊模碾压式成型的燃料一般不需要外部加热，依靠物料掠夺成型时所产生的摩擦热，即可使物料软化和黏合。辊模碾压式成型技术对物料的适应性最好，对原料的含水率要求较宽，原料的含水率在 10%~40% 均能成型。

2. 活塞冲压式

活塞冲压式成型技术允许物料含水率较高，但油缸往复运动间歇成型，生产率不高，而且产品质量也不太稳定，不适宜进一步碳化。与螺旋挤压式成型机相比，这类成型机明显改善了成型部件磨损严重的问题，但成型模腔仍然容易磨损，由于存在较大的振动负荷，机器运行稳定性差，噪声较大。但此种块状燃料成本较低，适于生物质电厂使用。

3. 螺旋挤压式

螺旋挤压式成型技术具有生产连续性好、产品密度高、成品质量好、热值高、适合加工成碳化燃料的特点。成型部件尤其是螺旋杆会一直在高温、高压下工作，导致部件磨损严重，其寿命不足 100 小时。同时，由于单位产品电耗高，成型部件价格较高。因此，这种生物质成型颗粒不适于生物质电厂使用。

（三）发展现状

国外辊模式成型机设备制造比较规范，自动化程度高，生产技术大部分已经成熟，瑞士的 Buhler 公司、英国的 UMT Andritz Group 公司、丹麦的 Sprout-Matador 公司及瑞典的 Sweden Power Chippers AB 公司等多采用辊模式成型技术，生产的生物质固体成型燃料成型机，关键部件寿命可达到 1 000 小时以上，生产率可达到 2 吨/时以上，并已达到产品规模化和商品化。这些成型机以木屑等林业剩余物为主要原料，设备价格高，不适合以秸秆为主要原料制备生物质成型燃料。与螺旋挤压式和活塞冲压式成型技术比较而言，辊模式成型技术工艺实现了自然含水率的生物质不用任何添加剂、黏结剂的常温压缩成型，生产率较高，具备规模化、产业化发展的条件，是产业化发展的重点。农业农村部规划设计研究院研发了适宜于农作物秸秆的 HM-485 型环模式成型机，生产率达到 1.5 吨/时，关键部件寿命达到 400 小时以上，利用该技术工艺和设备已在北京市大兴区建成年产 2 万吨的生物质固体成型燃料生产线并投产运行。吉林宏日新能源股份有限公司建立了林木收集、颗粒燃料加工、锅炉配套、供热服务相衔接的木质成型燃料供热运营商业模式，2008 年起在长春开展供热运营示范，总供热面积达 8 万平方米。

目前，在成型燃料应用方面，欧盟主要以木质生物质为原料生产颗粒燃料，其成型燃料技术及设备的研发已经趋于成熟，相关标准体系也比较完善，形成了从原料收集、储藏、预处理到成型燃料生产配送和应用的整个产业链的成熟技术体系和产业模式。2009 年，欧盟生物质成型燃料产量达 452.85 万吨，消费量为 496.68 万吨。2009 年，欧盟有颗粒燃料生产厂 847 家，生产能力约 714.2 万吨。

其中，瑞典生物质颗粒燃料的产量约 157.6 万吨，消费量约 191.8 万吨，居世界首位。

我国生物质成型燃料技术有了明显的进展，生产和应用已初步形成一定的规模。截至 2017 年底，国内有生物质成型燃料生产厂 200 余处，生产能力约 1 100 万吨，主要用于农民炊事取暖用能、工业锅炉和发电厂的燃料等。

三、分布式区域秸秆类农业废弃物田间收集—清洁热利用系统

分布式区域秸秆类农业废弃物田间收集—清洁热利用系统在开展模式及技术推广时，主要装备包括移动式收集压块设备、热解气化设备和燃烧供热设备，该系统可广泛应用于水稻秸秆、玉米秸秆、小麦秸秆、棉花秸秆等多种农业废弃物的处置，能够有效解决我国秸秆类农业废弃物收集难、直接焚烧易造成严重大气污染等问题，同时可以实现清洁转化与营养元素快速回收利用，具有成本低、效率高、能耗少、无污染等特点，对于减少大气污染、增强农村能源供给保障、改善乡村生态环境具有十分重要的意义，并可以带来显著的社会和经济效益。

分布式区域秸秆类农业废弃物田间收集—清洁热利用系统具有适应性强、无污染、可操作性强的特点，同时系统设计简单，制作成本较低，设备操作简便，经过一定简单培训的人员都可以使用该装置，符合当前我国农业种植模式下的农业废弃物处置需求特点，适用于目前几乎所有类型的农业废弃物处置。该系统创新性明显：①高效低耗收运模式创新。针对我国农业种植单体规模小、收集效率低、运输成本高的问题，采用移动式田间收集，并通过原位挤压成型，直接获得尺寸均一、物化性质稳定的农业废弃物衍生燃料，能够有效减少物质体积，缩短收运流程，避免其他过程因素干扰，从而提高运输效率，节约收运成本，切实增加技术推广性。②农业废弃物热利用技术创新。采用先进的热解气化技术，将固态农业废弃物转化为可燃气，继而实现均相热化学燃烧，可有效提升能量转化效率，同时更有利于含钾灰分回收，可避免二次污染物产生，有效降低环境风险。

车载移动式压块设备直接进入农作物种植现场进行粉碎并压块成型，即首先通过机械剪切将原生农作物秸秆进行粉碎预处理，随后在一定压力和温度条件下将碎料进行挤压使其成为尺寸均匀和形状可控的燃料颗粒，从而提高其燃烧热值及密度，并便于运输和存储，大幅降低收运成本。秸秆压块燃料的主要技术参数包括：密度为 700~1 400 千克/米^3；灰分为 1%~20%；水分≤15%；热值为 3 700~4 500 大卡[①]/千克。秸秆压块燃料的热值因秸秆的种类不同而不同。以玉米秸秆为

----

① 1 大卡=1 000 卡路里。

例，秸秆压块燃料的热值为煤的 0.7~0.8 倍，即 1.25 吨的玉米秸秆压块燃料相当于 1 吨煤的热值。秸秆气化是利用生物质在无氧或缺氧条件下，于 300~700℃采用热解法及热化学氧化法后产生可燃气体。这种气体是一种混合燃气，含有 CO、氢气、甲烷等，亦称生物质气。热解气化燃烧产物排放标准：CO 为零排放；NO_2 为 14 毫克/米³（微量）；SO_2 为 46 毫克/米³，远低于国家标准，可忽略不计；烟尘低于 127 毫克/米³，远低于国家标准；灰分约占 10%，作为钾肥回田使用。

四、农林废弃物制备高品位燃料和高附加值化工产品技术

农林废弃物通过催化热解、水解、液化等技术可以转化为高品位燃料和高附加值化工产品。如图 3-7 所示，高品位燃料包括生物柴油、航空煤油和生物乙醇等；高附加值化工产品包括糖类及其衍生物（carbohydrate）、5-羟甲基糖醛、糠醛类（furfural）、乙酰丙酸（laevulinic acid）、酚类（phenols）和芳香烃类（aromatic hydrocarbons）等。

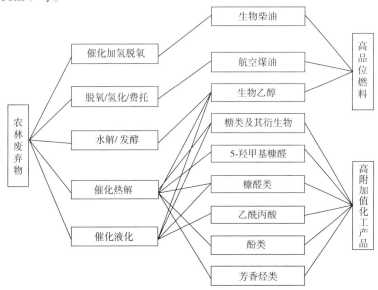

图 3-7　农林废弃物制备高品位燃料和高附加值化工产品技术路线

（一）生物柴油

生物柴油的技术已经发展了两代，其中第一代技术利用动植物油脂、甲醇酯交换得到脂肪酸甲酯，其核心技术为液碱催化酯交换技术，第二代技术是对生物质热解油进行催化加氢脱氧来获取第二代生物柴油。相比于第一代技术，第二代技术得到的生物柴油能够减少 NO_x、颗粒物排放，具有更高的十六烷值、无储存

安全性问题、技术利于放大等优势。目前催化剂效率与寿命是制备生物柴油过程的主要问题，相关催化加氢脱氧的研究被广泛开展。中国科学院广州能源研究所以镍为催化剂活性组分，将其负载于 SAPO-11、HY、γ-Al$_2$O$_3$ 及 SiO$_2$ 等载体上，研究了其催化棕榈酸甲酯加氢脱氧过程。结果表明，镍/SAPO-11 催化性能最好，在镍负载量 7%、反应温度 220℃ 及体系压力 2 兆帕的条件下，原料转化率可达99.8%，C$_9$~C$_{16}$ 烷烃总选择性为 92.71%。芬兰阿尔托大学以 ZrO$_2$ 为载体，采用浸渍法制备了 Rh/ZrO$_2$、Pt/ZrO$_2$ 及 RhPt/ZrO$_2$ 负载型催化剂，发现 Rh/ZrO$_2$ 催化剂转化率（29%）和选择性（30.7%）最好。

欧洲是全球最大的生物柴油生产地，总产量约占世界的 80%，且产量以年均33% 的幅度增长。2017 年总产量稳定在 1800 万吨左右。意大利是目前欧洲使用生物柴油最为广泛的国家，其生物柴油已被城市公交车及学校、医院等公共场所用做供热燃料。美国克奥公司研制出"一步催化法"提质制取生物燃油技术之后，于 2013 年投资 2.1 亿美元在密西西比州建成工厂并投产，用木质纤维类生物质直接（无氧裂解）制成生物柴油装置，以美国南方盛产的黄松整枝枝条及木片为原料，可以年产 3.6 万吨生物合成燃油。芬兰 UPM 公司是 2013 年投资 1.5 亿欧元建成的，为全球首家利用纸浆黑液（含木质素和半纤维素）生产生物合成柴油的规模化工厂。该公司完全使用木质原料，年使用量为 100 万吨，年产生物合成燃油 10.5 万吨，其中 80% 为合成生物柴油，20% 为生物石脑油。

我国生物柴油的生产起步较晚，但发展速度较快，部分科研成果已达到国际先进水平。《中国工业生物技术白皮书 2015》指出，我国生物柴油产业发展处于成长期，生物柴油总产能为 300 万~350 万吨，但由于受到原料供应的限制，生产装置开工率不足，尚无法满足巨大的市场需求。为此，生物柴油企业正在积极寻求替代原料，开发和推广生物柴油新技术，加快建设工业装置。2015 年，山东理工大学在淄博建成了生物质先进热解液化制取生物柴油中试装置，独创了新型固体热载体加热式下降管生物质热裂解液化技术，实现了低成本稳定地获取生物柴油。龙岩卓越新能源股份有限公司在福建龙州建成了年产 5 万吨的生物柴油示范工程，该示范工程在生物柴油制备技术方面，改进现有纯化工艺装备，提高废油脂纯化机械化水平，提高了综合经济效益。2015 年 12 月，山东鼎裕生物能源有限公司在莱芜建成了年产 10 万吨生物柴油生产技术及装备的项目。

（二）航空煤油

生物航空燃料（又称生物航空煤油或生物喷气燃料）技术是在第二代生物柴油技术的基础上开发出来的。生物航空煤油的生产方法有脱氧法处理、氢化裂解处理、热解处理、费托合成及生物油裂解。

美国的索莱纳公司开发出"以有机（分拣）垃圾和木质废弃物为原料，以生产生物航空煤油为主"的一整套技术。索莱纳公司采用自行研制的等离子极高温气化炉（solana plasma gasification reactor），配以其他公司提供的卧式费托反应器组成整套技术，气化温度高达 3 500℃，不但彻底解决了焦油问题，而且可将包括有机垃圾在内的几乎所有的有机物质作为原料。2014 年，索莱纳公司通过与英国航空公司合作，在伦敦东部建造"伦敦绿色天空"生物燃料工厂，该工厂每年能接收约 55 万吨的农林废弃物，并可将其转化为 12 万吨生物航空煤油。美国 UOP 公司与意大利 ENI 公司合作，以亚麻荠油、牛油、麻风果油或海藻油为原料成功研制了生物航空煤油。2010 年 4 月，美国海军在安德鲁斯空军基地用 F-18 超级大黄蜂飞机，使用 50∶50 亚麻荠生物航空煤油与 JP-8 常规航空煤油的混合油成功地完成了试飞。

中国科学院广州能源研究所于 2014 年掌握了以高粱秆、玉米秆等秸秆原料转化为航空煤油的关键技术及转化设备，在辽宁营口建立了 150 吨/年的生物航空煤油中试系统，产品达到国际生物航空煤油标准，具备了应用于航空飞行的质量可行性。2015 年 3 月，利用中石化开发的废弃油脂生物燃料，我国首次使用混合生物航空煤油完成了载客商业飞行并取得成功。2015 年 3 月，由浙江工业大学与中国商用飞机有限责任公司、美国波音公司、中国商飞—波音航空节能减排技术中心、杭州能源工程技术有限公司合作完成了地沟油制生物航空煤油的中试研究，建成了年产 300 吨的生物航空煤油中试装置，生产出的生物航空煤油经我国和美国权威检测机构检测，符合美国生物航空煤油标准，2013 年开始在国产发动机上进行台架试验。

（三）生物乙醇

农林废弃物可用来生产第二代生物乙醇。为开发经济有效的方法，原料需先经过预处理，常用的预处理方法主要分为物理法、化学法、生物法及其他联用技术。将预处理过的原料中的纤维素和半纤维素利用酶或酸等降解为单糖，然后再通过微生物进行发酵，将糖类物质转化为乙醇，这个流程即水解和发酵，工艺流程如图 3-8 所示。

图 3-8　生物乙醇制备工艺流程

美国是世界上最大的生物乙醇生产和使用国，其中的生物乙醇绝大多数是以甘蔗、玉米为原料的第一代燃料乙醇。2012 年，美国 35% 以上的玉米用于生产生物乙醇，生物乙醇年产量约 4 140 万吨。2015 年，美国杜邦公司位于爱荷华州的纤维素乙醇工厂投产。该工厂是世界上最大的纤维素乙醇工厂，每年可生产约 1.14 亿升清洁燃料。第二大生物乙醇生产国巴西约有 50% 的甘蔗用于生产生物乙醇。

欧盟地区生物乙醇近年来产量逐渐上升，2012 年约有 70 家生物乙醇厂，年产生物乙醇量达到 650 万吨。除了两家生物乙醇厂以纤维素为原料外，其余均采用谷物为原料。

我国是世界上第三大生物乙醇生产国和应用国，仅次于美国和巴西，2014 年，我国生物乙醇年产量约 216 万吨。近年来，在国家财税政策调节的引导下，我国生物乙醇行业逐渐向非粮经济作物和纤维素原料综合利用方向转变，积极开展工艺和示范项目建设。山东大学率先在国际上先后建成了用玉米芯年产 3 000 吨纤维素乙醇的中试生产装置和万吨级的生产示范装置，并实现了新工艺在较大规模上的试生产，生产成本接近粮食乙醇生产水平。2012 年，山东龙力生物科技股份有限公司的 5 万吨/年纤维素乙醇项目成功地获得国家发展和改革委员会核准，成为国内首家获得正式批准的纤维素乙醇生产厂。

（四）糖类及其衍生物

生物质可以经过转化得到具有较高利用价值的糖类及其衍生物，按照工艺可以分为水解和热解两种方法。生物质经水解糖化后可形成以葡萄糖和木糖为主的单糖水解液，目前多采用酸水解和酶水解两种途径。纤维素/生物质快速热解过程中会形成多种脱水糖衍生物，包括左旋葡萄糖酮（levoglucosenone，LGO）、1-羟基-3,6-二氧二环[3.2.1]辛-2-酮（LAC）和 1,4∶3,6-二脱水-α-D-吡喃葡萄糖（DGP）等。目前，木质纤维素水解液中木糖的结晶工艺已经相对比较成熟，利用稀硫酸水解棉秆中的半纤维素，纯化结晶后，得到的木糖晶体纯度为 98.5%。美国北卡罗来纳州立大学将磷酸浸渍于铬化砷酸铜处理过的松木后热解也获得了很好的效果，在热解温度为 350℃及 6%磷酸负载量的条件下，其热解产物中 LGO 的相对含量达到 22%。意大利特伦托大学以 Sn-MCM-41 为催化剂在 500℃下催化热解纤维素获得了最大的 LAC 产率（为 7.6%）。

丹尼斯克甜味剂（安阳）有限公司通过把玉米芯转化成木糖，成功地实现了纤维质原料制糖产业化，同时这也是世界第二、亚洲最大的木糖生产基地，每年可消化本地及周边地区玉米芯 5 万余吨。

以磷酸、硫酸、固体超强酸、固体磷酸等作为催化剂，对纤维素/生物质进行催化热解，可以实现 LGO 的高选择性制备，可望后续进一步优化后进行工业示范以实现 LGO 的工业化生产；实验研究阶段还无法以生物质为原料选择性制备 LAC；对于 DGP，实验研究阶段还没有开发出高效的选择性制备催化剂。

（五）5-羟甲基糠醛

生物质在催化剂的作用下首先转化为己糖（葡萄糖或果糖），进一步地，己糖在酸性催化剂的作用下生成特定的中间体，中间体通过多步脱水生成 5-羟甲基糠醛。5-羟甲基糠醛可进一步氧化成 2,5-呋喃二甲酸。2,5-呋喃二甲酸与对苯二甲酸相似，可以取代对苯二甲酸来制造聚酯类的塑胶材料。这样一来，聚酯类的塑胶材料就不需要从石油中获得原料，可以充分利用丰富的生物质资源，以降低对化石资源的消耗。5-羟甲基糠醛在水溶液中不稳定，可继续水解生成乙酰丙酸和甲酸。乙酰丙酸可以制取各种产品，包括树脂、医药、香料、溶剂、涂料、油墨、橡胶、塑料助剂、润滑油添加剂、表面活性剂等，还可以作为农药、染料的中间体。

5-羟甲基糠醛的生产方法根据反应溶剂系统的不同主要分为两种：一是单相法，在单纯水相或有机相中生成 5-羟甲基糠醛；二是双相法，有机相和水相形成互不相溶的反应系统，在水相中形成 5-羟甲基糠醛，同时反应过程中 5-羟甲基糠醛不断地被萃取到有机相中。此外，超临界流体、亚临界水/CO_2 和离子液体反应体系也被用来制备 5-羟甲基糠醛。中国科学院大连化学物理研究所直接选取木质纤维素类生物质（玉米秸秆、稻草秆、松木）作为原料在离子液体中制备 5-羟甲基糠醛和糠醛。研究中使用 $CrCl_3$ 作为催化剂并在微波加热下反应，5-羟甲基糠醛产率达到 52%。

2012 年，国内 5-羟甲基糠醛每年需求量在 10 吨左右，其中近 50%需要进口，使用生物质为原材料进行实验研究制备 5-羟甲基糠醛，转化率普遍较低或条件相对苛刻。目前研究的热点是直接以己糖为原料脱水生产 5-羟甲基糠醛。我国 5-羟甲基糠醛企业主要集中在东部沿海地区，华东地区的企业数占全国总量的 40.5%。

（六）糠醛类

糠醛是一种重要的平台分子，可以被转化为一系列的液态烃类燃料、燃料添加剂。糠醛可以加氧转化为汽油添加剂，如 2-甲基呋喃（2-methyl furan）。糠醛通过铜基催化剂催化加氧到糠醇后，在强酸条件下乙醇开环醇解即可获得乙酰丙酸乙酯（ethyl levulinate），乙酰丙酸乙酯是潜在的燃料添加剂，可以与柴油混溶。截至 2006 年 3 月，我国拥有糠醛厂家 300 家，总产能 30 万吨，达产在 23 万吨左右。

从生物质解聚的化学工序来看，糠醛制备分为水解液化和热解两种途径，水解制备糠醛按工艺又可以分成一步法和两步法。一步法糠醛生产工艺设备投资少、易于操作，但一步法只是利用了生物质中的半纤维素，在酸性体系中反应之后纤维素有很大程度的破坏，原料利用率低。在两步法中，第一步生物质水解生成戊糖，第二步戊糖脱水环化形成糠醛，生物质水解与戊糖的脱水在不同的温度与酸浓度下进行，与一步法相比具有糠醛产率高、原料利用率高等优点。华北电力大学以玉米芯、甘蔗渣、稻壳等为原料，以 $ZnCl_2$ 为催化剂热解制备糠醛，糠醛产率的质量分数可达到 8%（玉米芯为原料）。液体酸催化剂在使用过程中，不但对反应设备有一定的损坏作用，而且催化剂与产物难以分离，生产过程中产生的废液对环境也会造成较大污染。因此，国内外的学者对催化剂固载法如分子筛类固体酸进行了研究。余先纯等以玉米秸秆为原料，以 SO_4^{2-}-TiO_2/黏土固体酸为催化剂制备糠醛，糠醛的产率为 60.95%（以戊糖计）。

（七）乙酰丙酸

乙酰丙酸是一种含有酮羰基（4-戊酮酸，LA）的羧酸。由于其可以低成本地从木质纤维素中制取而被认为是来源于生物质的最重要的平台分子之一。根据原料的不同，乙酰丙酸的生产方法可以分为两大类：糠醇催化水解法和生物质水解法。生物质水解法中多以含纤维素和淀粉等的生物质为原料，在无机酸的催化下高温共热，生物质原料可分解成单糖，再脱水形成 5-羟甲基糠醛，然后进一步脱羧而生成乙酰丙酸。该方法是目前研究得最多的一种方法。使用均相催化剂，如硫酸，催化乙酰丙酸与醇的酯化反应制备乙酰丙酸酯，可以在生物柴油中用做改进剂、在汽油和柴油燃料中用做添加剂，具有低毒性、高润滑性和稳定的闪点，在低温条件下也具有适当的流动性。乙酰丙酸加氢得到 γ-羟基酸，再分子内酯化可以得到 γ-戊内酯，它和乙醇类似，可以用做从石油中提炼的化石类燃料添加剂。

中国林业科学研究院林产化学工业研究所牵头推广的农林废弃物定向转化制备液体燃料多联产关键技术项目已经将相关成果推广到江苏、浙江、山东、内蒙古、安徽等地区，建成了年产 8 万吨的木质纤维制备乙酰丙酸酯、10 万吨/年生物柴油等连续化生产线，以及全球最大的 5 000 吨/年催化裂解制备富烃燃油和国内外首条 6 万米^3/年的木质素酚醛泡沫示范线。2015~2017 年，该项目成果增加销售收入 31.5 亿元，利润 4.08 亿元。

（八）酚类

酚类物质是重要的化工产品，如单甲基苯酚最为重要的用途是和磷酸作用生成磷酸三甲酚酯，可用做专门的润滑油和发动机燃料油（起抗磨作用）的添加剂。在传统热解方法对木屑进行热解制取酚类化学品的报道中，生物油中酚类物质种类较多、总含量较低。意大利那不勒斯大学在热解山毛榉木的实验中，在温度为 327~627℃进行多次实验，所得产物中酚类物质不是很多，只有六种左右的酚类，且总含量也很少，最高时只有 1.43%。华北电力大学以 K_3PO_4 浸渍的松木为原料进行催化热解实验，酚类物质的相对含量最高可达到 60%。进一步比较 K_3PO_4、K_2HPO_4 及 KH_2PO_4 三种催化剂的催化效果，研究表明 K_3PO_4 催化效果最好。

（九）芳香烃类

轻质芳香烃，如苯、甲苯、二甲苯、萘是基本的有机化工原料，广泛应用于塑料、农药、医药、燃料工业。目前，这些芳香烃主要来自化石燃料。利用生物质制芳香烃技术的开发和应用，可以减少芳香烃生产对化石原料与燃料的依赖性，有效缓解全球石油资源稀缺的状况。在生物质制芳香烃工艺路线方面，除发酵路线外，与化工过程较为接近且有发展前景的工艺路线有三条：生物质先气化为合成气，再以合成气为原料经 C_1 化工路线生产燃料和化工产品；生物原料在催化剂作用下进行热解，可生产烯烃、芳香烃等产品；以生物质发酵的酮类、醇类等发酵产物为原料，制备乙烯、丙烯、二甲苯等芳香烃产品。催化剂的选择则是催化制取芳香烃的关键，催化裂解需要选择性好、催化活性高、使用寿命长的催化剂。目前，用于生物质催化裂解制备芳香烃的催化剂主要是分子筛系列催化剂。未来可提高芳香烃产量，分子筛的改性成为国内外大量研究的热点，主要包括硅铝比、孔特性、晶体尺寸和负载等。美国华盛顿州立大学以 ZSM-5（Zeolite Socony Mobil Number 5，ZSM-5 分子筛）为催化剂，对生物质进行微波催化热解，产生了大量 $C_8\sim C_{15}$ 芳香烃化合物，紧接着对制备的生物油进行加氢改性处理，生成了大量的长链烷烃化合物，最大产量达 12.63%，如图 3-9 所示。

图 3-9　生物质催化加氢制备芳香烃和烷烃工艺

近年来，全球多家石油化工公司、生物化学品公司和高校均对生物法制苯、甲苯、二甲苯工艺产生了浓厚兴趣，并取得了一定的成果。美国马萨诸塞州立大学对生物质木质素催化裂解制芳香烃工艺进行了深入研究，开发了 Biomass to Aromatic TM 工艺，并成立 Anellotech 公司致力于将其推向工业化生产。Biomass to Aromatic TM 工艺以非粮食类生物质（植物秸秆、废木材等）为原料，通过催化快速热解技术制芳香烃。2011 年，该工艺建成实验装置。采用该工艺目前一吨生物质可生产 50 加仑 BTX（苯、甲苯、二甲苯）产品，产率可达 40%，预计未来 BTX 产率可达 85 加仑/吨生物质。美国 Virent 公司与威斯康星大学麦迪逊分校合作，将植物纤维水解与传统催化加氢技术相结合，开发了 BioForming TM 工艺，并于 2011 年宣布可从 100% 可再生的植物基糖类中成功制得 PX（p-xylene，对二甲苯）产品，并为产品申请了商标"BioPXTM"。

五、生物炭及碳基材料制备技术

农林废弃物经热解、炭化、液化后可得到对环境友好的生物炭产品，生物炭产品具有良好的孔隙结构、较大的孔隙度和比表面积等。同时生物炭具有高度芳香化的结构，含有大量酚羟基、羰基和羧基，这些特性使生物炭具有良好的吸附性能及稳定性，可作为土壤改良剂施到土壤中，能够增加土壤有机质、提高肥力、使农作物增产等。生物炭经过活化、表面处理、引入杂原子或金属等提质处理后，具有发达的孔隙度和大的比表面积；生物炭引入丰富的功能性官能团后，具有优异的物理化学特性，从而制备出的高附加值的碳基材料可用做吸附剂、电极材料、催化剂或催化剂载体等。如图3-10所示，生物炭吸附剂可用于吸附有机物、吸附重金属、气体捕捉及海水淡化等；生物炭电极材料还可用于制备超级电容器、电池和传感器等。

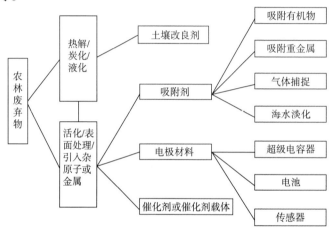

图 3-10　农林废弃物制备碳基材料技术路线

（一）土壤改良剂

生物炭是含碳量丰富的多孔性物质，其容重小，比表面积大，不仅含有碳、氢、氧元素，还含有丰富的土壤养分元素中的氮、磷、钙、镁、钾及微量元素锰、锌、铜等，同时生物炭还具高度芳香化的结构，含有大量酚羟基、羧基和羰基等，这些特性使其具有良好的吸附性能及稳定性。生物炭施到土壤中，能增加土壤有机质、提高土壤肥力、使农作物增产，同时生物炭还可以降低土壤重金属和农药的污染等。

美国爱荷华州立大学发现将生物炭应用于农业土壤中后能明显增加土壤的持水量和土壤的比表面积。生物炭产生的电荷和巨大的比表面积对土壤和植物所需的营养元素有较强的吸附作用，并能减少养分的流失，提高养分的利用效率和增加土壤肥力。老挝的试验表明，生物炭的应用可有效提高低磷性地区粮食产量，还可以提高对氮化肥或氮磷化肥的利用率，从而提高土壤养分，促进农作物生长。华中科技大学和中国农业大学通过物理活化与表面官能团的定向调控，得到比表面积超过 540 米^2/克、羧基官能团含量达到 40%以上的生物炭，对铬的饱和吸附量达到 25.9 毫克/克，在土壤环境中具有良好的铬吸附和固化能力。

虽然生物炭的施用对土壤环境功能有多方面的积极作用，但大量、长期施用生物炭可能存在的环境风险和长期效果，以及生物炭的碳汇稳定性和生态效应我们还不完全清楚；生物炭对土壤和农业生态系统环境功能影响的机理目前还缺乏系统、全面的研究；生物炭基肥料的效果改善研究还处于起步阶段，因此，2015年时的研究还停留在室内模拟与小规模的田间理论研究阶段。

（二）吸附剂

吸附是移除污染物的简单、有效且便捷的方法。经过改性提质后得到的碳基材料具有独特的物化特性，如高比表面积和孔容积、化学惰性、良好的机械稳定性，其已经被广泛用做吸附剂。而且，通过浸渍金属到碳基材料中，可以显著提高其吸附性能，如引入铁、镍、锰和钴元素，能够产生磁性，从而形成吸附力强的特殊键位。另外，通过外加磁场，碳基材料可以轻松分离水相溶液。

1. 吸附有机物

染料的颜色深、组分复杂、降解力差，这造成了其对环境的严重污染，近些年通过碳基材料吸附将染料移除的工艺得到了极大发展。马来西亚大学以竹子为原料，通过 KOH 和 CO_2 活化处理后，得到的竹炭比表面积达 1 896 米^2/克，孔容1.109 厘米^3/克，对亚甲基蓝的最大单层吸附量为 454.2 毫克/克。新加坡国立大学将椰壳用 $ZnCl_2$ 和 CO_2 活化处理后，再用 H_2O_2 进行氧化处理，制备了高比表面积的介孔炭材料，其对染料（罗丹明 B）的吸附能力可达 714 毫克/克。中国科学院青岛生物能源与过程研究所以柚子皮为原料，以 H_3PO_4 为活化剂，通过水热活化法制备了高比表面积和多介孔的生物活性炭，其对环丙沙星的移除能力可达 400毫克/克。

2. 吸附重金属

碳基材料不仅可以吸附有机物，其对重金属污染物也有很强的吸附能力。美国阿克伦大学发现，通过向生物基介孔炭中引入铁元素后，碳基材料对有毒重金属离子（Zn^{2+}、Cu^{2+}、Ni^{2+}、Cr^{6+} 和 Pb^{2+}）有高效的选择性吸附作用，该介孔炭复合材料易于大规模化生产，有望用于去除水体污泥物。印度 Curu Jambheshwar 大学研究向日葵制备的生物炭对 Ni^{2+}、Cd^{2+} 和 Cr^{2+} 单种、两种或三种金属离子的吸附能力，发现生物炭对两种离子混合的吸附能力要弱于单种离子或三种离子混合物，说明在多种金属离子溶液中，吸附过程存在相互抑制的现象。北京大学深圳研究生院用农林废弃物制备对 Pb^{2+} 具有高吸附能力的炭材料，该炭材料最大比表面积为

806.57 米^2/克，具有丰富的有机官能团，最大吸附量超过 50 毫克/克。

3. 气体捕捉

生物质碳基材料被广泛用于捕捉、存储、分离和提纯气体。英国诺丁汉大学合成的生物质碳基材料表现出空前的 CO_2 存储能力，常温下其对 CO_2 的吸收量为 1.3 毫摩尔/克，并且当压力升高到一标准大气压时，吸附量可增加到 5.8 毫摩尔/克，相比以前研究结果而言，此次实验是目前报道的碳基材料吸附量中的最高值。碳基材料不仅是存储 CO_2 的优异材料，通过向碳基材料中添加金属粒子，还可以显著提高其储氢能力，如镍的引入可以有效增加其对氢的电吸附能力。碳基材料在分离和捕捉有害气体方面同样得到了广泛关注。太原理工大学以林业废弃物为原料，通过 KOH 化学活化与 NH_3 表面改性相结合，制备高 CO_2 吸附能力的生物质碳基材料，其比表面积可达 2 511 米^2/克，总孔容为 1.16 厘米^3/克，含氮量的质量分数达 7.21%，具有丰富的碱性含氮官能团，0℃和 25℃下对 CO_2 的最大吸附量分别为 7.19 毫摩尔/克和 5.05 毫摩尔/克，同时在吸附 CO_2/N_2 混合气时表现出高度的选择性。华中科技大学通过氨活化法，将农林废弃物转化为富氮生物质焦，其 CO_2 吸附量达到 98 毫克/克，SO_2 吸附量达到 210 毫克/克，NO 吸附量达到 56 毫克/克，与其他活性焦相比具有良好的污染物脱除性能。这表明通过改性处理可以将农林废弃物热解焦转变为低成本的燃煤电厂污染物脱除剂。

4. 海水淡化

电吸附海水淡化是一种去除海水中盐离子的有效方法，主要利用的是电极表面电势差引起的吸附作用，而碳基材料是最常用的电极材料。澳大利亚维多利亚大学发现有序介孔碳是有效的电吸附海水淡化电极材料，能够有效去除水中盐分，结果表明有序介孔炭吸附离子量为 11.6 毫摩尔/克，是普通商业活性炭的 3 倍。

（三）电极材料

碳基材料因其独特的电化学特性被广泛应用于超级电容器、电池和传感器等电极材料。例如，高的电导率可以保证有效地传递电子；高比表面积和合理的孔径分布能够提高比电容，增强离子扩散能力；丰富的表面官能团能够提高氧化还原反应，产生赝电容效应，从而增加比电容等。图 3-11 给出了农林废弃物制备碳电极材料的工艺路线图。农林废弃物经过干燥、粉碎处理后，通过热解或炭化生成生物炭，为了改善焦炭的孔隙结构，需用气体（CO_2、NH_3、水蒸气等）或固体活化剂（KOH、$ZnCl_2$、H_3PO_4 等）对焦炭进行高温活化处理，即制备出发达孔隙结构的碳材料。这些碳材料可直接用于制备碳电极材料，也可以通过引入杂元素进一步提升其电化学性能后，再制备电极材料。

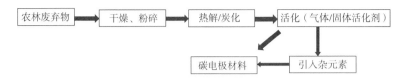

图 3-11　农林废弃物制备碳电极材料的工艺路线

1. 超级电容器

超级电容器电极材料需要具备高比表面积、高电导率及丰富的表面官能团来产生赝电容效应，从而提高比电容，而多孔炭基材料完全具备这些特性，因此，多孔炭基材料被广泛应用于超级电容器电极材料。美国南达科他州立大学以玉米秆为原料，采用微波热解和慢速热解制备热解炭，然后用 NaOH 和 KOH 活化制备活化炭。实验发现，慢速热解后用 KOH 活化的活化炭具有最好的电化学性能，在电流密度为 0.1 安培/克时的比电容达 245.9 法/克。华中科技大学以竹材为热解原料，通过热解活化氨化一步法制备的高比表面积的掺氮炭材料，比表面积达到 1 780 米^3/克，具有丰富的含氮官能团，作为超级电容器电极材料，表现出优异的电化学性能：高的比电容、高比率特性、循环稳定性、赝电容效应等，在 1 安培/克时，比电容达到 185 法/克，经过 5 000 次充放电循环，比电容仅降低 8%。

2. 电池

锂-硫电池因具有高的理论比容量而被广泛关注，被认为是下一代储能设备。研究发现，介孔炭与硫的复合电极材料是新型的优异储能材料，它能够将硫固定在碳孔道中，从而形成紧密的接触。测试结果表明，这种新型的锂-硫电池在速率为 0.1 倍率时，首次放电容量可达 1 390 毫安时/克，并在循环 100 次后，容量仍然可以维持在 840 毫安时/克。中南大学发现掺氮后的碳基材料与硫制备的复合材料，其电化学性能更加优异，在速率为 1 倍率时，复合材料制备的锂-硫电池初次放电容量达 1 209 毫安时/克，循环 200 次后容量仍可保持 600 毫安时/克。并且在 3 倍率时，具有很好的循环稳定性，可循环 300 次。

3. 传感器

碳基材料具有高的电导率、高比表面积及良好的化学稳定性，被广泛应用于传感器电极材料。新加坡南洋理工大学研究发现，介孔碳制备的玻璃碳电极对三硝基甲苯（trinitrotoluene，TNT）表现出高灵敏度——62.7 微安/厘米^2（微克/升），表明 0.2 微克/升 TNT 都可被该电极检测到，这为检测微量爆炸物质提供了新的途径。

（四）催化剂或催化剂载体

农林废弃物热解焦具有丰富的表面官能团，如—COOH、—NH$_2$、—SO$_3$H 等，这些官能团具有不同的催化性能，可以用做化学反应中的催化剂，并且具有可重复利用和经济性高的优点。含有—SO$_3$H 官能团的生物炭也被称为生物炭基固体酸，是一类不含金属的催化剂，在一系列化学反应中被广泛使用。加拿大英属哥伦比亚大学将木屑用 KOH 处理后，在不同的温度下炭化，然后用 H$_2$SO$_4$ 磺化，制备生物炭基催化剂来催化菜籽油的酯基转化过程。研究发现，炭化温度对催化剂的表面、总酸密度和催化活性有重要影响，随着炭化温度的升高，比表面积和孔容增加，催化剂的总酸密度降低。在 675℃下炭化得到的催化剂有最好的催化效果，酯基转化反应的产率最高。中国科技大学通过快速热解预先浸渍了 FeCl$_3$ 和 NiCl$_2$ 的生物质合成镍—NiFe$_2$O$_4$/碳纳米纤维，该合成材料能够催化硝基芳香化合物的加氢反应，具有很高的产率和选择性，并且该催化剂易于分离，催化活性在重复利用七次后几乎没有变化。

六、基于热解多联产系统的农林废弃物综合利用体系

（一）农林废弃物热解多联产资源化利用系统

农林废弃物热解多联产资源化利用系统，是指农林废弃物经过热化学转化，同时得到较高附加值的气体、液体和固体产品，实现农林废弃物全面高效的利用。华中科技大学以棉秆为原料，通过热解多联产系统制备了较高热值的气体（8~9 兆焦/米^3）、焦炭（28 兆焦/千克）和富含高附加值组分的液体油产品。

美国 Ensyn 集团提出的快速热处理技术，通过调节转化过程中的温度和压力，可将碳基材料（生物质、石油残渣）转化成更高附加值的化工产品和燃料产品。威斯康星大学的商业装置每天可以处理 70 吨农林废弃物，产品可用于生产食物、天然化学品和液体燃料，利用率达 95% 以上。华中科技大学团队在国内外首创了生物质移动床热解炭—气—油多联产技术，实现了低品位的生物质资源向高附加值的能源和化工产品的转化和利用，该技术荣获 2014 年度"全球可再生能源领域最具投资价值的领先技术蓝天奖"。2015 年 12 月，华中科技大学在鄂州建成的生物质热解联产联供示范基地及万吨级生物质的示范系统，展示了非常好的示范效应。

（二）热解油催化制取燃料及化工产品技术

生物质快速热解制取生物油被认为是最有前途的生物质能源转化途径之一。生物油由于组成复杂、黏度高、挥发性低、水和含氧化合物含量高、pH 低、腐蚀

性强、稳定性差、热值低等，需提高生物油品质以满足燃料油的使用要求。生物油进一步加氢精炼可以制备类似于汽油和柴油的烃类燃料。在生物油精制方法中，催化加氢是一种比较成熟、较为高效的精制方法。国内外许多研究者对生物油催化加氢的研究已有二十余年的历史，针对生物油的理化特性，开发出一系列用于生物油加氢的催化剂及其反应体系。

南昌大学采用钯碳催化剂、铂碳催化剂、钌碳催化剂和铑碳催化剂等贵金属催化剂，在 H_3PO_4 酸化的水相体系中通过一步法实现对单酚类模型化合物的金属催化加氢和酸催化脱水，得到较高产率的环烷烃和甲醇产物。中国科技大学以钌/SBA-15 和钯/SBA-15 为催化剂，向反应体系中添加甲酸，利用甲酸分解产生的氢气对生物油原位催化加氢精制，提高了生物油加氢效率，减少了生物油结焦。在生物油提质研究领域中，除了催化加氢，催化裂解也是研究的热点。但催化裂解过程中易发生催化剂结焦现象，精制生物油产量较低，因此，寻找选择性好、转化率高、结焦率低的催化剂是催化裂解的重点研究方向。

2015 年 12 月，中国科技大学在合肥建成了生物油分离提纯制备高值化工产品示范装置，采用减压蒸馏和浓缩结晶等手段，从生物油中分离提取香兰素、紫丁香酚等近 10 种高值化工产品。

第三节　农林废弃物能源化工系统中重大技术问题分析

一、农林废弃物制备高品位生物燃气技术

热值作为生物燃气的最重要参数之一，目前仍需要进一步提高。寻找新的催化剂来提高可燃成分的选择性和产量，进而提高热值仍是目前的研究重点。同时减少有害组分的含量，对生物燃气中有害组分生成进行有效控制和分离也是后续利用的必然要求。

二、农林废弃物制备成型燃料技术

如何优化农林废弃物收集、预处理系统及成型过程研究，对于后续的生物质成型压缩及燃料品质的提升有重要的意义。关于黏结剂黏结作用机制及农林废弃物成型黏结机理有待深入研究，以便为农林废弃物利用产业提供理论依据。开发农林废弃物成型产品，提升高品质制备新工艺，是实现对农林废弃物高值化利用的重要途径，以此来提升成型燃料的经济价值。

三、分布式区域秸秆类农业废弃物田间收集—清洁热利用系统

构建包括移动式收集压块设备、热解气化设备和燃烧供热设备等装备的标准化体系,在实现装备对水稻秸秆、玉米秸秆、小麦秸秆、棉花秸秆等多种农业废弃物的广泛适用性方面展开研究,可以有效解决我国秸秆类农业废弃物收集难、直接焚烧造成严重大气污染等问题,可以基本缓解露天焚烧秸秆现象。

四、农林废弃物制备高品位液体燃料和化工产品技术

农林废弃物制备液体燃料已经得到初步发展,但是合成理论和工艺技术仍需完善,原料成本仍需降低,液体燃料热值仍需进一步提高,下游的精制技术也仍急需发展。农林废弃物制备的化学品虽然附加值很高,但目前的产量和选择性有待进一步提高,转化过程中催化剂寿命较短也是有待解决的问题。因此,开发新型高效、稳定、可再生的催化剂,设计新的制备工艺,定向提高产品产量和选择性,并高效地将高附加值产品完全分离出来等仍是今后重点探究方向。

五、农林废弃物制备高附加值碳基材料技术

孔结构、孔隙分布特性、表面官能团是碳基材料的重要参数,如何设计和构建更加合理的孔结构、有序的孔径分布、定向的表面官能团需要我们深入探究。目前的活化剂 $ZnCl_2$、KOH、H_3PO_4 等常常会造成碳骨架坍塌、破坏孔道、设备腐蚀等问题,因此,开发绿色环保、温和高效的活化剂将是未来的研究热点。目前,碳基材料多数在实验室制备,产业化与规模化利用有待加强。

六、基于热解多联产技术的农林废弃物综合利用体系

热解多联产技术能够将农林废弃物转化为较高附加值的气、液、固三态产品,但三态产物间的协同机制还不是很清楚,有待我们进一步探究,并通过调控各种反应参数,实现三态产物附加值的最大化。多联产技术生产的液体产品往往需要进一步炼制,才有利于提升液体油的附加值。分布式能源供应与精炼工业原料供应有效结合是解决农林废弃物高值化利用的有效方法,即将热解多联产工厂分布

式布置于农林废弃物产地,而将热解多联产得到的液体产品转送到精炼工厂提炼,从而实现将分散的农林废弃物转化为高附加值产品。

第四节 农林废弃物能源化工系统发展趋势及总体路线

一、发展趋势

农林废弃物资源产量巨大,每年有大量的农林废弃物被弃置于自然环境或露天焚烧,这既对生态环境造成了严重的污染,又造成了极大的资源浪费。实现农林废弃物清洁高效的利用是未来发展的必然趋势,通过开发先进的热化学转化技术,可以将农林废弃物转化为高附加值的能源化工产品,如高品位气体燃料、成型燃料、高品位液体燃料和化工产品等。另外,农林废弃物以散抛形式存在,具有资源分布离散的特点,其产生量巨大且总量不清、运输和存储不方便。在新农村周边建设收集、预处理和热解多联产工厂,将当地分散的低品位农林废弃物转化为附加值较高的气、液、固三态产品,生产的气体燃料可以直接作为分布式新农村/城镇生活的供能,实现农村能源供应清洁化、便利化。通过将分散加工得到的高能量密度的油炭产品再集中输送到精炼工厂,可以克服农林废弃物收集难题。油炭产品经精炼加工后,可制备高附加值的液体燃料、化工产品及碳基材料等。通过分布式能源供应与精炼工业原料供应有效结合,可实现农林废弃物的能源化高效转化与高品位利用。

二、总体路线

农林废弃物能源化工系统以农林废弃物为原料制备高品位生物燃气、制备成型燃料、制备高品位液体燃料及化工产品、基于热解多联产技术的农林废弃物综合利用体系为四大基本路线。预计 2020 年我国实现各项关键技术的突破,具体包括:农林废弃物定向气化关键技术,先进的成型燃料与器具技术,热化学制备液体燃料及提质技术,农林废弃物制备汽油、柴油及航空煤油技术,微生物催化制备烯烃、醇、醚燃料技术,生物质热解多联产资源化利用系统集成与优化技术,热解油催化制备燃料及化学品技术,生物炭及碳基材料制备技术等。目标是实现农林废弃物利用率达到 80%以上,农村就地焚烧农林废弃物状况得到缓解,替代能源相当于约 1 亿吨标准煤。我国计划到 2025 年实现各项技术系统优化示范及产业化推广,具体包括:农林废弃物定向气化制备高品位燃气技术示范、制备成型燃料、高品位液体燃料及化学品系统集成优化及技术示范、基于热解及集中炼制农林废弃物综合利用系统优化集成与示范。目标是实现农林废弃物利用率达到 90%以上，基本不发生就地焚烧农林废弃物现象，替代能源相当于 1.4 亿吨标准煤。到 2030 年，我国计划实现各项技术大规模产业化，农林废弃物成为重要资源，实现对其全部利用，高品位燃料、化工产品产业化，替代能源相当于 1.9 亿吨标准煤。

第四章 畜禽粪污能源化工系统

第一节 畜禽粪污利用现状与利用技术

新粪含有大量病菌、毒素和寄生虫卵，直接还田将导致病虫害传播、农作物发病；畜禽粪污中未经发酵的有机物质在土壤中继续发酵，易引起作物"烧根""烧苗"；畜禽粪污中未经发酵的有机物质多为有机态或缓效态，分解转化、被作物吸收利用的时间较长。因此，自然堆沤、晾晒干燥等畜禽粪污直接还田的方式，在克服直接使用新粪的缺点的同时，具有不需要很大的投资、操作简便、易于被农民接受和利用的优点，是传统家庭养殖的畜禽粪污的主要处理方式。

我国畜禽养殖业已由过去的家庭副业发展成为相对独立的产业，已由传统的分户养殖向集约化发展，进而兴起了一大批万头养猪场、千头养牛场、十万及几十万羽的养鸡场。这种集中饲养方式，在促进畜禽养殖由数量型向质量效益型转变的同时，产生的大量粪便和污水也给周边农村生态环境造成了严重影响，制约着当地社会、经济的可持续发展。与此同时，受当地劳动力输出少、堆沤和晾晒畜禽粪污的经济产出和收益少、堆沤和晾晒周期较长、畜禽粪污量大及化肥使用量大、农村环保投入不足等的影响，自然堆沤、晾晒干燥等畜禽粪污直接还田的方式已日渐稀少，这些方式已不再适合大中型养殖场对畜禽粪污的处理。

一、肥料化利用

（一）堆肥方式

1. 自然发酵直接堆肥

自然发酵直接堆肥是粪便处理的传统方法，它通过微生物作用使畜禽粪污在数月内自然分解，微生物发酵产生的热量可以杀灭大部分病原微生物和寄生虫。该处理方法简单、成本低，但机械化程度低、占地面积大、劳动效率低、卫生条件差。该模式适用于远离城市、土地宽广且有足够农田消纳粪污的经济落后地区，特别是种植常年需施肥作物的地区及规模较小的养殖场。

2. 物理好氧堆肥

物理好氧堆肥是通过人为控制堆肥所需条件，利用微生物对其进行腐化分解，生产出高效的有机肥料。物理好氧堆肥的关键在于调节堆肥物料的碳、氮比例和颗粒大小，控制适宜的水分、温度、氧气和 pH。采用物理好氧堆肥技术处理畜禽粪污，与直接施用方法相比，最终产物臭气较少，水分含量小，容易包装和施用。

3. 生物强化堆肥

生物强化堆肥是在畜禽粪污中接种微生物复合菌剂，将物理、化学工艺和生物处理技术结合，使接种微生物快速分解粪便，抑制或杀灭病原微生物。由于人工添加了高效微生物菌剂，生物强化堆肥与自然发酵直接堆肥相比堆肥效率高、发酵周期短、堆肥质量高。辽宁省环保集团在产业化生产有机肥的过程中引进高效降解复合微生物菌剂，较单一菌种发酵相比提高发酵温度 4~5℃，缩短发酵周期 2~3 天，发酵后的肥料质量好、肥效高，具有显著的经济效益。

（二）技术路线/工艺流程

畜禽粪污制取有机肥的工艺流程见图 4-1。

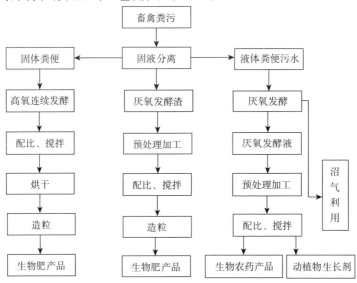

图 4-1　畜禽粪污制取有机肥的工艺流程

（三）主要技术环节及要点

1. 畜禽粪污制肥主要技术参数

目前对畜禽粪污制肥主要技术参数的研究具体、翔实、可靠，其中 C/N（碳氮比）、湿度、pH、温度、通风供氧、接种剂、堆肥原料尺寸等成为制肥效果好坏的关键。堆肥混合物的 C/N 平衡是使微生物达到最佳生物活性的关键因素，堆肥混合物的 C/N 应保持在 25∶1~35∶1。好氧堆肥湿度一般应保持在 40%~70%，堆肥原料的最佳含水率通常在 50%~60%。pH 也是微生物生长的重要影响因素之一，一般微生物最适宜的 pH 是中性或弱碱性，pH 太高或太低都会使堆肥处理难以实现。温度是堆肥过程的重要因素，温度会影响微生物的生长，一般高温菌对有机物的降解效率高于中温菌，过低的温度将大大延长堆肥达到腐熟的时间，而过高的堆肥温度（≥70℃）将对堆肥微生物产生不利影响，高温菌堆肥的理想温度是 50~65℃。堆肥需氧的多少与堆肥物料中有机物含量有关，堆肥物料中有机碳越多，其耗氧率越大。堆肥过程中适合的氧浓度为 18%，若低于 18%，好氧堆肥中微生物生命活动将受到限制，容易使堆肥进入厌氧状态而产生恶臭。接种剂是加快畜禽粪污厌氧发酵的关键，通过有效的菌系选择，可以分离出具有很大活性的微生物培养物，建立人工种群与堆肥发酵要素母液，从而达到想要的堆肥效果。堆肥原料尺寸对堆肥速度有较大影响。降低颗粒物尺寸、增加表面积将促进微生物活动并加快堆肥速度。

2. 以畜禽粪污厌氧发酵为基础，保证发酵沼渣（液）的肥效

针对畜禽粪污厌氧发酵利用程度低、沼气产品单一所产生的经济效益不明显等问题，大型厌氧发酵工程采用一次好氧堆沤和二次厌氧发酵联合技术，开展畜禽粪污厌氧发酵的气肥联产耦合特性技术研究，筛选构建相应的发酵菌种复合系统，对发酵工艺条件及沼渣（液）有机肥的生产深入研究，得到原料种类、TS（total solid，总固体）含量、添加剂、温度等关键工艺参数对有机肥肥效的影响规律及畜禽养殖粪便生产有机肥的最佳工艺条件。

3. 畜禽粪污厌氧发酵气肥联产技术与装备设计

根据原料种类及区域特点，匹配畜禽粪污厌氧发酵与发酵液有效成分的共生条件，我国研发出不同类型的沼气气肥联产工程技术及应用设备，为规模化、多样化、产业化气肥联产的开展提供技术及设备保障，对畜禽粪污厌氧发酵沼渣制肥实行模块化设计，达到系统规模可调，实现设备模块化设计及生产工厂化运行。

4. 畜禽粪污制肥系统的建设与运行管理模式

根据不同区域的人文、社会意识特点，我国分析了厌氧发酵有机肥生产过程的物料与能量体系，建立了厌氧发酵液、厌氧发酵沼渣生产有机肥的耦联生产关系模型，并根据不同区域的地域特点、原料特性、产物用途和发酵环境等要素，制定了符合区域特点的制肥生产工艺的调控方法。基于生态农业产业系统价值链构建生态型气肥联产模式，为生态农业的开展提供创新模式。在经营过程中，我国建立的以合作社为纽带的科研+公司+基地+农户的科技推广体系，将气肥联产、农业种植生产和市场紧密结合，可以形成规模化的农业产业链，用科技和市场带动农业生产和农民致富，实现大农业产业链价值的发现和增值。

（四）国内外研究现状

1. 堆肥设备及工艺研究现状

堆肥设备开始由静态通风向强制通风，由无发酵装置向有发酵装置，由半机械化向自动化转变；堆肥产品易受原料种类、堆肥方式和堆肥条件的限制，而且在养分种类和数量上，不像化肥那样有明确的种类和含量，故工艺没有规范的标准。目前，堆肥设备和工艺开始由中温消化向高温消化，由普通消化向联合消化，由非源分选消化向源分选消化发展。

2. 畜禽粪污利用微生物厌氧发酵沼渣制取有机肥的研究现状

开发特殊作用的微生物菌剂可以加快对畜禽粪污发酵副产物沼渣的分解利用，加速沼渣有机肥的腐熟，并可以缩短生产周期，降低成本。目前沼渣堆肥微生物学的研究主要集中在筛选高效强适应性菌株、揭示某些有机质生物降解机理、改善生化降解反应的生态微环境等三个方面。

3. 生产控制技术现状

制肥生产的控制技术主要包括过程控制和污染控制，过程控制主要有有机质、腐熟度、通气量、温度等控制，目前的研究重点在于如何实现计算机自动化控制，侧重于臭气控制的污染控制、重金属污染防治及沼渣渗滤液控制。

4. 畜禽粪污有机肥产品的应用研究现状

畜禽粪污有机质及营养元素含量有限，使得直接使用其初级产品不能满足作物的生长需要，必须运用现代工艺对沼渣产品进行深加工。混入一定量的速效化肥制成的各种剂型，如颗粒肥料、高浓度液肥等，以满足不同需求，这已成为新兴的研究方向。

（五）评述

随着生物有机肥在全国生态农业方面的大力推广，农民已对其有了一定的了解和认可，我国农业市场对生物有机肥的需求量会不断增加。首先，用畜禽粪污、秸秆、农副产品和食品加工的固态废物、有机垃圾经过有益微生物的发酵加工而成的有机肥，具有投资少、原料易得、成本低等优点，其生态效益是不容忽视的；其次，应用有机肥料生产农产品，其营养价值和经济价值都是非常高的；最后，用畜禽粪污生产有机肥可以减少化学药品对环境的污染。因此，生物有机肥必将具有更加广阔的发展前景。

二、户用沼气利用

农村户用沼气技术是利用厌氧发酵装置，将农户养殖产生的畜禽粪污和人粪便及部分有机垃圾进行厌氧发酵处理的技术，其生产的沼气可被用于炊事和照明，沼渣和沼液可被用于农业生产。这一技术既提供了清洁能源和无公害有机肥料，又解决了粪便污染问题。农村户用沼气池一般为6~10立方米，包括厌氧发酵装置、沼渣和沼液利用装置、沼气输配系统等。

（一）技术路线/工艺流程

户用厌氧发酵工艺流程如图 4-2 所示。我国建设的农村户用沼气池，一般采用底层出料的水压式沼气池。在水压式沼气池的基础上进行改进和发展，我国还研究出强回流沼气池、分离贮气浮罩沼气池（非水压式）、旋流布料自动循环沼气池等，其工艺流程如图 4-3~图 4-5 所示。

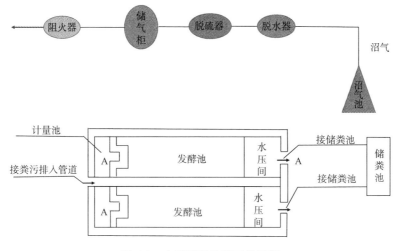

图 4-2　户用厌氧发酵工艺流程

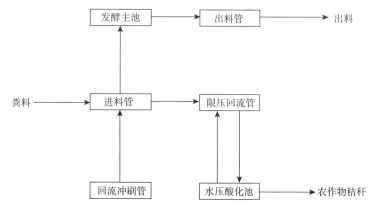

图 4-3 强回流沼气池发酵工艺流程

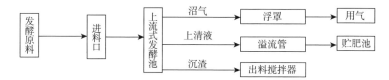

图 4-4 分离贮气浮罩沼气池发酵工艺流程

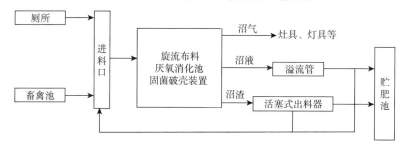

图 4-5 旋流布料自动循环沼气池发酵工艺流程

（二）主要技术环节及要点

1. 户用沼气池的组成及设备特点

我国常用的户用沼气池主要由进料口、发酵池、出料间三个部分组成，发酵池是核心部件，要求密闭性好、造价低，有一定的池容、抗压强度，使用寿命长并便于维修、易出料等。

2. 主要技术性能参数

户用沼气以满足农民日常生活燃料需求为重点，其主要技术参数包括气密性、产气率、正常贮气量等。其中沼气池常温发酵，池容平均日产气量为 0.2~0.4 立方米，正常贮气量为日产气量的 50%；气密性要求达到沼气池内气压为 8 千帕或 4 千帕时，24 小时的漏损率小于 3%；建设的户用沼气池安全强度系数≥2.65，正常使用寿命要达到 20 年以上；基础要求地基承载力>50 千帕；沼气池正常工作时池内气压≤8 千帕，最大气压不超过 12 千帕，采用浮罩贮气的沼气池要求池内气压<4 千帕；沼气池使用过程中最大投料量不大于主池容积的 90%，浮罩贮气和气袋贮气的沼气池，最大投料量控制在主池容积的 95%以内。

3. 建设和应用模式

我国户用沼气池主要有底层出料水压式沼气池、强回流沼气池、分离贮气浮罩式沼气池、旋流布料自动循环沼气池、曲流布料沼气池等池型。所产沼气主要用于炊事、照明、户用供电、户用取暖等生活需求。根据地域、气候、环境条件和各地农业发展的特点，应用模式有北方"四位一体"能源生态模式与技术，南方"猪—沼—果""猪—沼—茶"能源生态模式与技术，西北"五配套"能源生态模式与技术，等等。在实际推广中，我国推行"一池三改"，即在建设户用沼气池的同时，统一规划，将沼气池、畜禽舍、厕所同步改造或新建。

4. 户用沼气发电技术

在户用沼气发电方面，通过对沼气燃烧特性和内燃机工作原理的深入研究，我国设计出专烧沼气的内燃机和发电机匹配的发电装置，并对发电装置影响较大的沼气内燃机进行优化设计，且针对户用沼气池池容小、用气不均衡的问题，开发以联户式供气为特征的沼气发电技术及装备，实现农村地区的沼气发电联户供电。2007 年，户用沼气发电内燃机空燃比为 5.7、沼气内燃机的压缩比为 12，沼气消耗率为 0.52 米³/千瓦时，输出电压基本稳定在 220 伏，整机运行效果较好。

（三）国内外现状

户用沼气在我国起步于 20 世纪 70 年代，截至 2011 年，政府支持农村沼气建设的资金中约有 2/3 的额度直接补助给农民用于沼气池的建设，户用沼气工程在新农村建设、改善农村环境卫生和实现农村循环经济中起到了关键作用。截至 2017 年，农村户用沼气年产量为 230 亿立方米，约为全国天然气年消费量的 10.9%，年减排 CO_2 为 9 000 万吨，生产有机沼肥近 6.1 亿吨，为农民增收节支 690 亿元。到 2017 年底，全国沼气用户（含集中供气户数）约 6 400 万户。

尼泊尔近 85%的人口生活在农村地区，20 世纪 50 年代末，尼泊尔开始引入沼气，如今成千上万的家庭都在使用沼气，但是尼泊尔的沼气设备是低科技的简单设备，且多建于房屋附近，以便气体的输送。随着社会和经济发展，受原料、沼气池维修、管理等问题的制约，常规户用沼气的发展受到限制，目前国内外户用沼气技术研究主要集中在以下四个方面。

（1）由单一发展向多元综合发展转变。稳定沼气，配套利用太阳能（太阳灶、太阳能热水器、太阳能灯）、生物质炉、省柴节煤灶，达到家居温暖清洁化、庭院（园）经济高效化和农业生产无害化。

（2）农村沼气建设注重质量效益型转变。农村沼气建设由"重建轻管"向"建管并重"转变，开展对已建沼气池的维修管护，使已建沼气池100%能正常使用。

（3）开发户用沼气配套设备，减少劳动力投入。户用沼气的目标人群为农村群众，随着我国农村的城镇化进程加快和青壮年劳动力不断涌入工业城市，我国需要开发自动化的进料设备、出渣车等配套设备，实现沼气池的稳定运行。

（4）综合利用，推进农村特色产业发展。积极引导沼气建设由单一用气向综合利用转变、由单纯建池向建设生态家园转变。综合利用沼液、沼渣等高效有机肥，发展高效生态农业。

（四）评述

我国户用沼气工程是以政府补贴农民改善生活为主的惠农工程，农民在遇到沼气池使用问题或者维修问题时往往束手无策，同时户用沼气池的发展受发酵原料的制约，虽然我国沼气项目数量比德国多，但是产气量仅是德国的17.6%。随着社会生产力的不断提高，自养家禽的经营方式逐渐被养殖专业户，甚至养殖场取代，使得过去已经建起的沼气池因缺乏粪便入池而停止运行，形成大量的闲置池。另外，受发酵温度的制约，户用沼气池大都建在地下，一般不设保温和增温设施，受气温的影响，冬季产气量很少，使得户用沼气的发展受到制约。但是，户用沼气配套设备完整齐备、综合利用技术成熟，和其他新能源利用方式相结合后，具有价格低、用能方便、可替代农民用市电等优点，受到广大用户的支持。

三、规模化沼气利用

（一）技术路线/工艺流程

集约化畜禽养殖场大中型沼气工程是集沼气生产、沼气发电、有机肥生产为一体的综合利用技术，其工艺流程见图4-6。

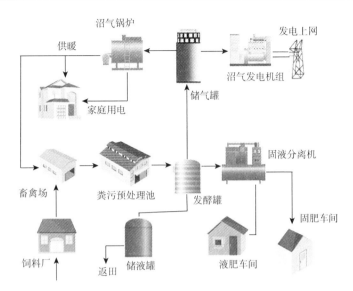

图 4-6　集约化畜禽养殖场大中型沼气工程工艺流程

集约化畜禽养殖场畜禽污水集中处理工程工艺流程见图 4-7，养殖场大中型沼气发电系统工艺流程如图 4-8 所示。

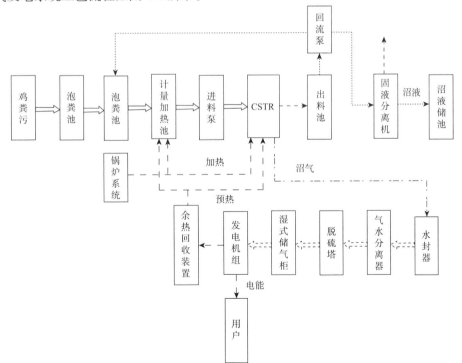

图 4-7　集约化畜禽养殖场畜禽污水集中处理工程工艺流程

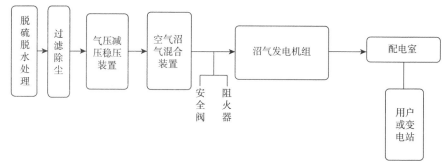

图 4-8　养殖场大中型沼气发电系统工艺流程

（二）主要技术环节及要点

1. 多原料混合发酵技术

为解决大型沼气工程原料不足，混合原料组分复杂、特性差异大、可发酵成分不均匀性，以及在厌氧发酵过程中进出料困难、易堵塞等问题，目前，多原料混合发酵技术主要是物理化学法和生物法相结合的预处理工艺，通过去除原料的毒性成分，强化纤维素类原料的分解与水解，实现畜禽粪污和生物质秸秆共发酵生产沼气；通过对进出料设备和反应器的优化设计与技术集成，实现原料进出料顺畅、均匀稳定发酵，提高混合原料的产气能力和产气速率。

2. 大中型沼气工程技术

大中型沼气工程的厌氧发酵装置主要有厌氧生物滤床（anaerobic filter bed）、升流式厌氧污泥床（upflow anaerobic sludge bed，UASB）、升流式固体反应器（upflow solid reactor，USR）、膨胀颗粒污泥床（expanded granular sludge bed，EGSB）等，其对提高工程系统技术功能作用显著；沼气的收集、贮存及输配系统包括气液分离、净化脱硫、贮气输气和沼气燃烧等设备，保证向用户稳定供气和高效率使用沼气；为了提高沼气的产率，保温措施采用太阳能和生物质能辅助加热，辅热集箱式沼气系统研究开发了辅热集箱式、温室隧道式沼气工程。

3. 沼气纯化技术

沼气纯化技术采用吸收塔和再生塔，研究了填料塔的材质、结构、尺寸、原料气不同的处理量对沼气纯化的影响，确定了最佳的纯化方案；开发了自动控制和自我安全保护装置，实现了对影响纯化效果的参数控制，并根据沼气的纯化机理和动力学特性，建立了沼气纯化能量产投平衡模型。

4. 沼气发电技术

经厌氧发酵处理产生的沼气可以驱动沼气发电机组发电，发电机组的余热还可用于沼气生产。使用燃气内燃机的沼气热电联产的热效率为 70%~75%，而燃气透平和余热锅炉，在补燃的情况下，热效率可以达到 90% 以上。0.8~5 000 千瓦各级容量的沼气发电机组均已被研制成功并投入生产，主要产品分为全部使用沼气的纯沼气发动机及部分使用沼气的双燃料沼气-柴油发动机，而畜牧场大中型沼气工程的发电机组的单机容量为 50~200 千瓦。

5. 畜禽粪污厌氧发酵气肥联产技术

畜禽粪污厌氧发酵气肥联产工艺流程见图 4-9。

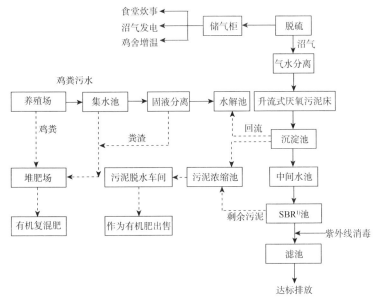

图 4-9　畜禽粪污厌氧发酵气肥联产工艺流程

1）SBR：sequencing batch reactor activated sludge process，序列间歇式活性污泥法

畜禽粪污厌氧发酵固液分离后，发酵的固体粪便（沼渣）制肥工艺流程如图 4-10 所示，厌氧发酵后的液体粪便污水（沼液）制肥工艺流程如图 4-11 所示。

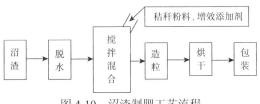

图 4-10　沼渣制肥工艺流程

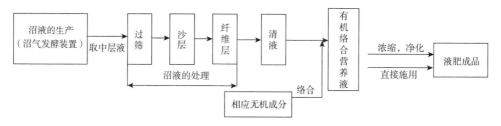

图 4-11　沼液制肥工艺流程

（三）国内外现状

　　欧洲在畜禽养殖污染防治和沼气能源工程技术的开发研究和应用实践方面的技术水平和管理经验在世界上位居前列，欧洲也是目前农场沼气工程技术最发达、推广数量最多、技术最成熟的地区。欧洲沼气工程数量较多的是丹麦和德国。丹麦具有沼气生产最先进的科学技术，已建成许多规模在 2 000~4 000 立方米的大型沼气集中供气工程，这些工程多采用中温或者高温发酵，厌氧发酵工艺主要是全混合厌氧发酵和推流式发酵工艺，停留时间在 12~20 天。德国只有小规模的沼气设施采用液态粪污为原料，大约 94% 的沼气工程采用畜禽粪污、能源作物、食品加工废弃物等混合原料发酵，混合发酵工程除生产沼气外，同时为配套沼气设施集中供热或为热电联用设施供热。

　　美国的沼气工程起步较晚，但发展很快，美国农场沼气工程多数采用推流式发酵工艺。这类沼气装置采用半地埋式，上部用复合橡胶袋覆盖，主要用于处理干清粪式的奶牛粪污。厌氧发酵后的沼液经过固液分离后，固体部分用于堆肥，液体部分经过氧化塘处理后排放或用于农业灌溉。目前，在美国北方寒冷地区（冬季平均气温低于 0℃）运行良好的六座奶牛场沼气工程中，有五座采用的是推流式发酵工艺，处理规模是 1 000~2 400 头牛，工程多数是 2001 年后建成的。工程全部采用热电联用技术，发电规模在 130~200 千瓦，发电余热用于发酵装置增温。

　　1999 年，我国大中型沼气工程数量仅为 746 处，总池容为 20.83 万立方米，年产气量为 3 947.06 万立方米。2003 年以后，我国大中型沼气工程的建设速度明显加快。到 2007 年，大中型沼气工程数量达到 8 576 处，总池容达到 214.25 万立方米，年产气量达到 2.912 7 亿立方米。2015 年，国家发展和改革委员会与农业部联合印发了《2015 年农村沼气工程转型升级工作方案》，提出政府将投资支持建设日产沼气 500 立方米以上的规模化大型沼气工程，年新增沼气生产能力 4.87 亿立方米，处理 150 万吨农作物秸秆或 800 万吨畜禽鲜粪等农业有机废弃物。印度是继我国之后最大的发展中国家，也是继我国之后使用沼气数量最多的国家，截至 2016 年，印度已经建成近 2 700 万口用户沼气装置，此外还实施了一批大中型沼气工程。印度沼气系统主要用于生产农村能源，以牛粪为主要原料，沼渣和沼液用做有机农肥。

（四）评述

湿式厌氧发酵技术易于掌握利用，但系统运行不稳定，产气率较低，沼气工程在北方难以持续运行，粪便固体含有率只有 6%~15%，沼液量大，冬季的处理难度增加，容易造成二次污染；系统运行中砂石等难以清除干净，发酵罐容易产生沉砂，输送设备易磨损、维护成本高；发酵罐容积大，发酵物料量大，维持发酵能耗高。干式厌氧发酵技术中，干牛粪、鸡粪不需要加水稀释，可直接进入发酵罐，发酵罐物料浓度可达到 20%~40%；干式厌氧系统对物料纯度要求低，对砂石、塑料等杂质不敏感，预处理简单，系统废水排放量少，池容产气率高，可以大大降低投资成本，但该工艺对反应启动的要求条件苛刻，在运行中存在着很高的不稳定性。我们建议大型集约化畜禽养殖场结合两种发酵技术的优点及我国大中型沼气工程发酵原料以畜禽粪污为主的特点，进一步开发建设畜禽粪污、农业垃圾、秸秆、能源植物等混合原料发酵的沼气工程，提高我国沼气工程的平均池容（我国的平均池容为 283 米^3/处），以达到德国沼气工程的平均池容（1 000 米^3/处）水平。

四、畜禽粪污饲料化技术

进行规模化、集约化养殖已成为现代畜牧业发展的必然趋势，随之而来的畜禽粪污污染及人畜争粮问题也日益显现出来，这严重制约着畜牧业的健康和持续发展。畜禽粪污中含有未消化的粗蛋白、粗纤维、粗脂肪和矿物质等，经过适当的处理，在杀死病原菌后，可提高蛋白质的消化率和代谢能，改善适口性，可被作为饲料使用。因此，畜禽粪污不仅是优质的有机肥料，还是畜禽较好的饲料资源。鸡、猪、牛等畜禽粪污中含有丰富的粗蛋白及其他微量元素，每 100 千克鸡粪饲料相当于 15 千克麦粉精料。将畜禽粪污经过简单加工处理成饲料后用来饲喂畜禽，不仅可以解决畜禽粪污污染问题，还可以增加饲料来源、节省饲料、提高养殖效益。可以预见，畜禽粪污的饲料化利用将会有广阔的前景。

（一）饲料化方法

畜禽粪污饲料化方法主要有干燥法、化学法、发酵法、生物法、青贮法等。

1. 干燥法

干燥法是畜禽粪污饲料化的常用处理方法，将畜禽粪污进行干燥处理是畜禽粪污饲料化利用的最直接、营养价值损失最小的方法，尤以鸡粪处理使用最多。干燥法按照是否加入人为动力可分为自然干燥法和人工干燥法。自然干燥法是将新鲜畜禽粪污单独或掺入一定比例的糠拌匀后直接摊在水泥地或塑料布上晾晒，随时翻动，使其自然风干或晾干，并去除粪便中的羽毛、沙石等杂物，经粉碎后配合其他饲料饲喂畜禽。此法成本低，但干燥时间过长，易受自然天气的影响。大型养殖场可以通过机械干燥法、热喷炉法、转炉干燥法等对畜禽粪污进行人工干燥。机械干燥法是用机械搅拌鸡粪，并用快速通风机通风，使其含水量降低后成团状，再经干燥机干燥或晾干即可。采用机械干燥法处理畜禽粪污用于饲料是目前应用较为广泛的畜禽粪污资源化利用方法之一。热喷炉法或转炉干燥法是先将畜禽粪污摊在水泥地上，利用阳光使其自然脱水，之后将其装入热喷炉或转炉中经过热蒸与喷放处理，经烘干或自然干燥后将其粉碎即可。

2. 化学法

化学法是将新鲜畜禽粪污分散晾干，加入浓度为 0.5% 的福尔马林集中堆放 24 小时，另加入浓度为 0.1% 的硫酸溶液堆放 24 小时，再加入 3%~5% 的尿素，拌匀后氨化 24 小时，然后散堆晾干，加工粉碎后即再生饲料。

3. 发酵法

发酵法包括自然发酵、酒糟发酵、加曲发酵三种。自然发酵即将新鲜的畜禽粪污去除杂质后放入塑料袋中垛起来，封好口，利用畜禽粪污中的微生物作用而发酵，当温度超过 45℃ 时要倒垛，待温度恒定并与外界相等时，证明已经发酵好。酒糟发酵即在新鲜畜禽粪污中加入适量的糠，再加入 10% 的酒糟和 10% 的水，搅匀后装入发酵池中发酵 10~20 小时，之后再用 100℃ 的蒸汽灭菌即可。加曲发酵即用 70% 的新鲜畜禽粪污，加入 10% 的麦麸、15% 的米糠、5% 的酒曲粉，掺入适量水，充分拌匀，入发酵池密封发酵 48~72 小时即可。

4. 生物法

生物法就是用畜禽粪污饲养蚯蚓、蛆，从而将畜禽粪污转化为动物蛋白用来饲喂畜禽，这也是粪污饲料化利用的一种途径。作为蛋白质饲料来源，蝇蛆粉、蚯蚓粉均优于鱼粉，而且价格也远低于鱼粉。另外，也可以向畜禽粪污中添加 EM（effective micoorganisms，有益微生物）发酵剂。EM 发酵剂是一种维持动物肠道生态平衡的活性微生物添加剂，能够增强动物肠道的有益菌群优势，抑制致病菌生长，可以减少内毒素来源、清除粪便臭味等。EM 发酵方法是将畜禽粪污干燥至含水率 20% 以下，然后将 EM 发酵剂原液倒入 30℃ 的红糖水中，使 EM 激活两小时后，再与粪污混合均匀，装入密封的容器内进行厌氧发酵处理，发酵时间在夏季需五天左右，冬季需七天左右，经 EM 发酵的畜禽粪污具有浓厚的酵香味。

5. 青贮法

青贮法是将畜禽粪污与作物残体、碳水化合物含量高的作物秸秆、饲草或其他粗饲料按一定比例拌匀，再加入少量盐，装入青贮池内压实、密封，等厌氧发酵一段时间后直接饲喂畜禽。青贮法处理的畜禽粪污主要作为反刍动物的饲料。该法能够充分提高蛋白消化率和代谢能，改善饲料的适口性，是畜禽粪污饲料化利用的最佳方法。

（二）国内外现状

国外在 20 世纪 40 年代就开始对畜禽粪污进行处理制作成饲料的试验研究，1953 年，美国阿肯色州农业试验站用鸡粪做羊饲料（补充氮的需要）的试验获得成功。从此，将畜禽粪污作为饲料日益受到各国的重视，并且各国均进行了大量的研究工作。我国许多研究者也进行了大量的将畜禽粪污制作成饲料后进行喂食猪、绵羊、奶山羊、蛋鸡、鸭、鱼、黄牛等的试验研究，一些养殖场的喂养实践都证明了将畜禽粪污制作成饲料进行喂养的优越性。

（三）评述

畜禽粪污再生饲料的营养价值和饲喂效果开发的潜力和价值相当诱人，研究和开发畜禽粪污再生饲料为我国畜牧生产开辟了一条新的途径，也必将带来巨大的经济效益和社会效益。但是，畜禽粪污再生饲料的开发利用存在很多问题，需要我们进一步深入研究。首先，畜禽品种和日粮水平的差异与畜禽粪污再生饲料的营养成分的关系还不十分明确，应用有一定的盲目性。其次，畜禽粪污再生饲料普遍存在能量较低、矿物质含量较高等营养不平衡问题，而且目前对此缺乏权威系统的研究以确定在不同种类、不同生理阶段的畜禽日粮中粪污再生饲料的最适用量及与其他饲料成分的最佳配合。再次，畜牧生产中大量使用的各种添加剂，其大部分残留在粪污中，粪污作为饲料使用时，很可能出现抗生素、激素及铜、锌、砷等含量的超标甚至中毒问题。最后，目前的畜禽粪污再生饲料的加工方法及加工工艺和设备还不完善，使得粪污中臭味、大量的病原微生物和寄生虫卵及非营养成分并不能够被完全消除。

五、畜禽粪污蚯蚓资源化处理技术

蚯蚓具有食腐性，能够吞噬有机质，经过自身消化系统和体内微生物的协同作用可以将有机物快速分解，并将团粒结构的蚓粪排出体外，这可以使有机固体废弃物减量化、无害化和稳定化，增加土壤的肥力和透气性，促进物质之间的碳、氮循环。蚯蚓处理有机固体废弃物在很早以前就已被发现和运用。利用经过发酵的畜禽粪污养殖蚯蚓时，畜禽粪污的有机质通过蚯蚓的消化系统，在蛋白酶、脂肪酶、纤维酶、淀粉酶的作用下，能迅速分解、转化成为蚯蚓自身或其他易于利用的营养物质。利用蚯蚓处理有机废弃物，既可以生产优良的动物蛋白，又可以生产肥沃的生物有机肥。同时，蚓粪对土传病害的防治是近年来进行的试探性研究。杀虫剂的使用使得一些病原菌产生抗性，杀真菌剂的使用还造成了一些环境问题。例如，毒性残留、损害使用者的健康、杀害农业生态系统中的非有害生物、有毒物质进入食物链等。杀真菌剂同样会影响土壤中有益微生物的生长。大量化学制剂的使用，其昂贵的费用、给人类带来的环境健康问题，以及可持续农业发展战略的提出促使人们对更有效的、对环境安全的病害管理措施提出挑战。以有机堆肥为代表的有机改良剂，已成为植物病害生物防治的一条重要途径，将蚓粪这种高效肥料物质用于对土传病害的防治，也已经逐渐得到人们的重视。

（一）技术路线/工艺流程

以畜禽养殖场的粪、尿、冲洗污水为原料，畜禽粪污蚯蚓资源化处理技术的工艺流程如图 4-12 所示。

（1）对畜禽养殖场的粪、尿、冲洗污水进行三质分流分贮的前处理。

（2）对粪、尿、冲洗污水进行不同方法的处理。以深池设施养殖商品蚓、人工气候室批量孵育幼蚓，以机械运粪为关键技术，集约化养殖蚯蚓消化畜禽粪污；畜尿与蚓粪均匀混合制作蚓粪复合肥基料；冲洗污水通过物理、生物处理后循环利用；产出的蚯蚓供制药公司提取蚓激酶。

（3）蚯蚓提取蚓激酶后的下脚料以鲜浆形态做原料生产特种水产配合饵料，蚓粪不制颗粒而保持其原始形态，直接配制复合肥。

（4）特种水产饵料采用水上湿润投喂法，减少黏合剂使用。

（5）开展蚓粪便高吸附性能研究、蚓粪便中有益酶类和激素研究、蚓粪便及其产品对土壤微生物区系影响研究等工作。

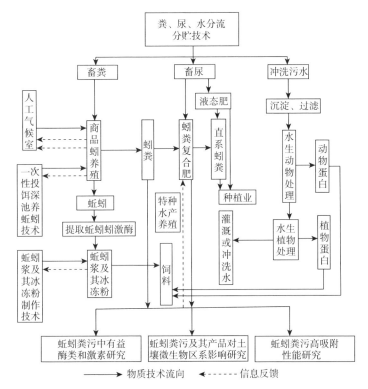

图 4-12　畜禽粪污蚯蚓资源化处理技术的工艺流程

（二）国内外现状

很早人们就已知道蚯蚓在有机质的分解和土壤营养物质的释放中发挥了极其重要的作用。然而，直到 20 世纪 70 年代末和 80 年代初，美国的研究者才开始有目的地将蚯蚓应用于污泥的加工处理过程中，起初的研究项目在纽约州立大学，之后在康奈尔大学。1973 年，日本学者前田古颜育成了繁殖倍数极高、适合于人工养殖的蚯蚓品种"大平 2 号"（即赤子爱胜蚓，学名为 Eisenia fetida），使这项生物技术得到了革命性发展。1981 年，在英国 Rothamsted 实验站开始了一项大规模的致力于利用蚯蚓加工处理畜禽生产中废弃物的研究。研究证实，一些蚯蚓品种对污泥、畜禽粪污、作物秸秆、工业废弃物等有机废弃物的分解和稳定处理有很大的潜力。因此，利用蚯蚓对有机废弃物进行处理被认为是行之有效的一种方法。

由于蚓粪在物理、化学、微生物性质方面具有良好的肥料特点，在园艺和种植业中的应用已进行过大量研究。不同温室和大田实验都证实，蚓粪能相当程度地提高不同作物（包括谷物、豆科植物、花卉、蔬菜及其他大田作物）的种子发芽率，促进其生长、提高产量、改善品质。

蚯蚓及蚓粪与土传病害防治方面的报道主要有蚯蚓能降低苹果斑釉病的发生，抑病方式是病原孢子的生长受到蚯蚓的抑制。蚯蚓的存在大大降低了生长在钙质砂壤土中或红棕壤土中小麦的丝核菌根腐烂病的发生。Pereira 等指出，和单独使用杀真菌剂 Triadimephon 相比，蚓粪和该杀真菌剂一起使用能明显降低黄瓜网斑病的发生。Szczech 等的研究表明，生长介质中加入蚓粪后，西红柿的土传真菌枯萎病害，以及紫色甘蓝根腐病害的发生受到抑制，抑病的程度随蚓粪加入量的增加而增大。把马铃薯种植于加有蚓粪的介质后，病菌 Phytophthorainfestans 的侵染率明显降低，坏死块茎也明显减少。在生长介质中加入蚓粪，还能极大地抑制镰刀菌属病原真菌对西红柿的侵染。经高温灭菌后，蚓粪的抑病性丧失。所有这些初步研究表明，蚯蚓与蚓粪的存在一定程度上可以防治某些植物土传真菌病害的发生。但对其他典型土传植物病害的防治及其防病机制研究还没有涉及，上述研究也有待于进一步被验证，只有对其防病机制深入了解，蚓粪在植物土传病害防治中才会得到进一步推广和应用。

从 20 世纪 80 年代初，我国就已开始利用蚯蚓处理有机垃圾及农业废弃物，蚯蚓消解处理有机废弃物更是近年来发展起来的一项新型生物处理技术。蚯蚓具有的促进植物生长、增加植物产量的重要作用已经为许多研究工作所证明。蚯蚓通过对生态系统中有机物质的分解转化，促进碳、氮循环，提高了土壤肥力，并通过其在土壤中活动，改善了土壤结构。目前关于蚯蚓消解处理畜禽粪污的技术还只停留在研究阶段，尚未形成有机废弃物生物处理资源化的有效途径，也没有发现有关蚯蚓处理垃圾等有机废弃物而产生明显的社会效益和经济效益的规模化基地，因此，该技术并没有被大规模推广和应用。展开这方面的研究，不但是生态农业、有机农业发展的需要，而且意义深远，发展潜力也很大。

（三）评述

随着畜牧业不断向集约化、规模化转型发展，畜禽粪污处理厂污泥的处置将是一大难题，处理不当将会造成严重的环境污染。蚯蚓资源化处理是一种低碳环保的生物处理方式，能够有效地实现畜禽粪污和污泥减量化、无害化、稳定化和资源化。

利用蚯蚓对畜禽粪污等有机废弃物进行生态处理，不仅使废弃物得到了资源化利用，避免了资源浪费和环境污染，还得到了增值效应。生态处理既生产出优良的动物蛋白饲料源，又生产出肥沃的具有综合功能的生物有机肥。从生态学观点分析，生物对自然资源的利用是高效的，把自然生态系统中的高经济效能结构原理和循环再生原理应用于农业生产系统中，在保护生态环境的同时，既充分利用某些资源，又得到较高的经济效益，这应是我国有机畜牧业发展的重要内容，也是生态农业发展的必然需求。在自然生态系统中，生物种群各占有一定的生态位而呈现出生物类群多样化特征。但在现代农业生态系统中，由于规模化、专业化的农业生产，系统的生物种群过分单调，留出许多空白生态位，这样对资源的利用不仅是不经济的，同时杂草、病虫害等也会乘虚而入，造成各种损失。蚓粪不仅是富含植物所需营养物质的优质肥料，更为重要的是蚓粪是微生物、植物激素、腐殖酸类等活性物质的载体和基质，如果按生态学原理有目的地把蚓粪这种高效土壤调节剂引入农业生态系统中，就相当于引入了丰富的、有较高经济价值的生物种群，填补了空白生态位，系统会更趋于合理和稳定。稳定结构是功能高效的保证，农业生态系统的经济效益、社会效益等也会相应得到提高。因此，将蚓粪用于植物病害的防治，是生态学原理在农业生产中的具体应用。

畜禽粪污经蚯蚓处理后再施用，可以明显提高粪污的肥效，改良土壤结构，增加土壤透水性，防止土壤表面板结，提高土壤的保肥性。因此，这种从整个生态系统考虑，使畜禽粪污资源化、无害化增值利用的生物方法，不仅可以解决污染问题，还能提高养殖业的经济效益。

六、畜禽粪污产氢技术

以畜禽粪污为原料，进行发酵制取生物质气体燃料的研究主要包括厌氧发酵沼气制备技术及厌氧发酵生物制氢技术。其中，利用厌氧微生物处理畜禽粪污，在去除有机污染物的同时获得沼气的技术已比较成熟，而利用畜禽粪污厌氧发酵生物制氢的研究开展得较晚，目前仍处于实验室研究阶段，国内相关报道较少。相对其他制氢技术来说，畜禽粪污厌氧发酵制氢技术最突出的特点是将生物制氢与畜禽粪污的治理有机结合，在治理畜禽粪污的同时制取大量的清洁能源氢气，具有显著的环境效益、社会效益和经济效益，是集畜禽粪污治理与废弃物综合利用为一体的综合技术。因此，其应用前景十分广阔。

（一）技术路线/工艺流程

1. 以畜禽粪污为原料的光合生物制氢过程

以畜禽粪污为原料，对其进行厌氧发酵的产氢试验装置如图4-13所示。其基本工艺流程为：畜禽粪污经过预处理后，首先流入喂料槽，并在循环泵的牵引下，流入光反应器。在流入光反应器之前，畜禽粪污产氢料液需要流经换热器，并通过换热器与料液之间进行热量交换，对反应器进行升温处理。升温后的畜禽粪污产氢料液进入光反应器，在反应器内与光合细菌混合菌群混合，利用混合菌群的新陈代谢进行光生化反应发酵产氢。厌氧发酵所产氢气经过净化装置净化后，即可进入储氢装置中储存。

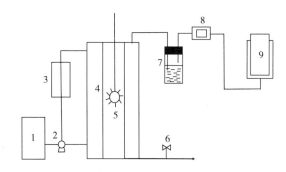

图 4-13　以畜禽粪污为原料的产氢试验装置

1. 喂料槽；2. 循环泵；3. 换热器；4. 光反应器；5. 光源；
6. 排料阀；7. 净化装置；8. 流量计；9. 储氢装置

2. 以猪粪污水为原料的光合生物制氢过程

以湿猪粪为原料，将其与自来水以一定比例混合稀释，浸泡一段时间后，过40 目筛子，滤去稻草、泥沙等杂质，配制出具有一定污水浓度的猪粪污水，并以此为产氢料液，进行光合生物制氢。猪粪污水光合生物制氢装置如图 4-14 所示。

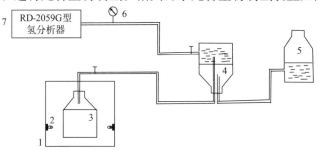

图 4-14　猪粪污水光合生物制氢装置

1. 恒温箱；2. 光源；3. 光生化反应瓶；4. 集气瓶；5. 平衡瓶；6. 气体流量计；7. 氢分析器

将猪粪污水经高压灭菌后加入光生化反应瓶内，在球形红假单胞菌等光合细菌的作用下进行光合生物制氢。光生化反应瓶置于 30℃恒温光照培养箱内，以 60 瓦的白炽灯做光源，产氢料液的初始 pH 为 7，光合细菌接种量为 20%左右。光生化反应瓶与氢分析器和集气瓶之间由导管连通，并通过阀门控制气体的流向。

3. 畜禽粪污与秸秆预混的光合生物制氢过程

将新鲜畜禽粪污进行除杂过筛预处理后，稀释并振荡溶解，以该固液混合物为原料，进行光合生物制氢。畜禽粪污与秸秆预混产氢装置如图 4-15 所示。反应器的有效容积为 500 毫升，按 10%的接种量接入对数生长期光合细菌菌液，然后用胶塞密封，为光生化反应的进行提供严格的厌氧环境。将导气管插入反应瓶上部预留空间，导气管上有一个阀门，可以方便不同时期对氢气产量及成分的监测。产氢试验装置置于温度为 32℃的恒温光照培养箱内，光照强度 2 000 勒克斯，通过反应瓶周围均匀布置的四个白炽灯来实现。制氢反应在恒温、恒光照的条件下进行，反应产生的气体用排水集气法收集。

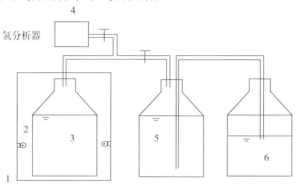

图 4-15　畜禽粪污与秸秆预混产氢装置

1. 恒温箱；2. 光源；3. 反应器；4. 氢分析器；5. 集气瓶；6. 测量瓶

（二）国内外现状

为了提高厌氧产氢菌利用复杂物料的产氢能力和稳定性，研究者进行了猪粪与马铃薯皮渣混合质量比对厌氧发酵产氢的比产氢率、挥发性固体去除率、液相末端产物组成等发酵特性影响的研究。试验结果发现，底物组成显著影响产氢发酵类型。以单纯马铃薯皮渣为底物时，体系的比产氢率最高达 31.55 毫升/克，挥发性固体去除率为 29.43%，发酵类型为丁酸型；当猪粪在发酵底物中的质量比从10：70 提高至 40：40 后，体系的发酵类型由丁酸型转变为乙酸型，同时维持较高的比产氢率（22.48~24.18 毫升/克）和挥发性固体去除率（28.31%~32.93%）。但是，当猪粪逐渐变为主要发酵底物（猪粪与马铃薯皮渣质量比为 50：30、60：20、70：10、80：0）时，发酵逐渐受到抑制，体系的比产氢率和挥发性固体去除率都有明显下降。该研究为优化混合物料厌氧发酵产氢过程提供了参考和依据。

研究者进行了红假单胞菌利用猪粪产氢的能力及对猪粪处理效果的研究，结果表明，红假单胞菌能很好地利用猪粪生长并具有很高的产氢活性和猪粪处理能力，在此基础上，研究者又进行了畜禽粪污污水原料浓度对利用红假单胞菌进行光合产氢影响规律的研究。此外，研究者还通过试验研究了猪粪不同预处理方法对光合菌群产氢效果的影响，以及以猪粪污水为原料，混合光合细菌高效产氢菌群在不同条件下的光合产氢量的研究。

底物类型直接影响发酵系统的化学特性（C/N、pH、微量元素浓度）、物理特性（黏度、传热传质能力）和生物特性（原料中所含微生物种类及数量），是影响厌氧发酵产氢过程的基础因素。尽管研究者已经探讨了玉米秸秆、猪粪、牛粪、食品废弃物等物料的厌氧发酵产氢能力和代谢特征，但是实际生产中物料成分复杂多变，其在养分浓度、缓冲能力等方面很难完全满足产氢发酵的需求。因此，采用单一物料通常需要额外补充缓冲溶液或营养元素才能实现稳定产氢，这已经成为阻碍氢能产业化的技术瓶颈。

（三）评述

利用畜禽粪污等有机废弃物产氢，既有利于环境整治，又可以回收能源，降低制氢成本，是一项集环境效益、社会效益和经济效益于一体的新型环保产业，是值得提倡的研究与开发方向。虽然目前国内外对于厌氧发酵生物制氢的研究主要集中在各类环境因子、产氢菌及发酵底物的变化对氢气产量的影响方面，距生物制氢的工业化生产要求还有很长的路要走，但随着技术的进步，相信未来利用畜禽粪污等有机废弃物发酵制氢的产业化生产会成为现实，并会为改善环境、造福人民做出贡献。

第二节　畜禽粪污能源化工系统综合利用的有效模式

一、畜禽粪污成分特点

从元素成分来看，畜禽粪污含有大量的碳、氢能量元素和氮、磷、钾等肥料元素及各种丰富的微量营养元素。畜禽粪污中含有大量未消化的蛋白质、B 族维生素、矿物质元素、粗脂肪和一定数量的碳水化合物，且氨基酸品种比较齐全，含量丰富。特别是肉用鸡的粪便，粗蛋白质可达 33%左右，其中真蛋白质37%~45%、尿酸 28%~55%、氨 8%~15%、尿素及其他含氮物质 3%~10%、总消化养分 46%~47%。鸡粪中蛋白质的氨基酸组成也比较完善，特别是赖氨酸、蛋氨酸、胱氨酸。此外，畜禽粪污中还含有丰富的矿物质和维生素，如钙、磷、氯、钾、锰、溴等。

二、畜禽粪污能源化工系统综合利用思路

伴随我国畜禽养殖业总量的不断增长，畜禽粪污的排放量也在不断增加。据测算，2020 年我国畜禽粪污年排放总量将达到 47 亿吨，畜禽粪污排放造成的污染已经成为制约产业健康发展的瓶颈，也直接影响着农村人居环境。同时，耕地质量的不断下降和化肥的过量使用，威胁到国家的粮食安全和农产品质量安全，

　　畜禽粪污既是污染源，也是资源，对其进行能源化工方向的综合利用，一方面可以产生氢气、沼气等能源资源，另一方面还可以消除污染、变废为宝，改善土壤结构、增加耕地肥力，对于推进农业可持续发展具有重大意义。

　　整体来看，对于畜禽粪污的资源最大化利用，应该根据畜禽粪污的成分特点，从能源—化工两个方面来考虑，如图4-16所示。能源方面主要通过厌氧发酵制备氢气或甲烷等清洁可再生能源，并进一步通过热、冷、电、气等多用途高效利用；化工方面主要通过发酵剩余物的肥料化、饲料化、材料化及氢气或甲烷的衍生化学品来利用。其中，肥料化指利用沼渣生产有机肥、利用沼液生产叶面肥或鸟粪石等，饲料化指利用沼液生产单细胞蛋白，材料化指利用沼液和CO_2通过生物技术生产可降解生物塑料聚羟基脂肪酸。

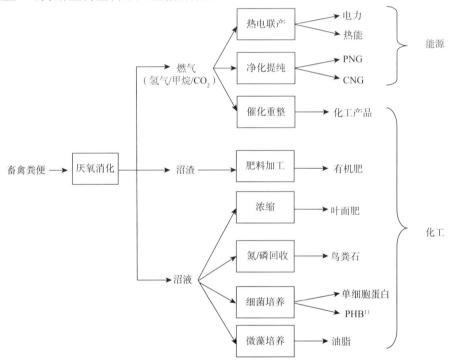

图 4-16　畜禽粪污能源化工技术综合利用体系

1）PHB：聚-β-羟丁酸（poly-β-hydroxybutyrate）

三、畜禽粪污能源化工技术体系构成

（一）高效厌氧发酵系统

　　经过多年的研究和生产实践，我国已掌握了各种厌氧发酵反应器技术（或工艺）。对于同一种有机废水或发酵原料，可以使用不同的厌氧反应器（或工艺）进行厌氧发酵，从而实现不同的 HRT（hydraulic retention time，水力滞留期）、SRT（sludge retention time，固体滞留期）和 MRT（mean retention time，微生物滞留期），并得到不同的反应器容积有机负荷、有机质去除率和产气率。根据 HRT、SRT 和 MRT 的不同，可将厌氧反应器（或工艺）分为三种类型，如表 4-1 所示。第一类反应器为常规型反应器，其特征为 MRT、SRT 和 HRT 相等，即液体、固体和微生物混合在一起，出料时同时被冲出，反应器内没有足够的微生物，并且固体物质由于停留时间较短得不到充分的消化，效率较低。第二类反应器为污泥滞留型反应器，其特征为通过各种固液分离方法，将 MRT、SRT 和 HRT 加以分离，从而在较短 HRT 的情况下获得较长的 MRT 和 SRT，在出料时，微生物和固体物质所构成的污泥得以保留在反应器内，在提高反应器内微生物浓度的同时，延长固体有机物的停留时间使其充分消化。第三类反应器即附着膜型反应器，在反应器内填充有惰性支持物供微生物附着，在进料中的液体和固体穿流而过的情况下滞留微生物于反应器内，从而提高微生物浓度以有效提高反应器效率。

表 4-1　厌氧反应器（或工艺）分类

反应器（或工艺）类型	厌氧发酵特征	反应器举例
常规型	MRT=SRT=HRT	常规反应器
		塞流式反应器（plug flow reactor）
		完全混合式反应器
污泥滞留型	（MRT 和 SRT）>HRT	厌氧接触反应器（anaerobic contact reactor）
		升流式厌氧污泥床
		升流式厌氧固体反应器
		膨胀颗粒污泥床（expanded granular sludge bed）
		内循环厌氧反应器（internal circulation）
		折流式反应器（anaerobic baffled reactor）
附着膜型	MRT>（SRT 和 HRT）	厌氧滤器（anaerobic filter）
		纤维填料床（fiber packed bed）
		复合厌氧反应器（upflow blanket filter）
		厌氧流化床（fluidize bed reactor）
		厌氧膨胀床（expanded bed reactor）
干发酵工艺	反应器中原料 TS 浓度大于 20%	干发酵反应器
		覆膜干式厌氧发酵槽反应器
两相厌氧发酵工艺	产酸相和产甲烷相分开进行	两相厌氧发酵反应器

以上三类反应器主要针对 TS 浓度较低的原料，原料 TS 浓度通常低于 15%。厌氧发酵处理 TS 浓度较高的固体原料，如有机垃圾和作物秸秆（TS 浓度一般高于 20%），近几年我国开发了干发酵工艺及配套反应器，该反应器能够直接处理高 TS 浓度的原料，而不需要添加水以降低原料的固体浓度。干发酵工艺（反应器）

不仅能减小反应器体积，提高单位体积反应器的处理能力及产气率，还便于利用发酵残余物生产固体有机肥。另外，对于容易酸化的有机废水和易腐性有机固体废弃物的厌氧发酵处理，由于这类原料的水解产酸速率较快，在厌氧发酵过程中容易积累大量的挥发性有机酸抑制甲烷的产生，为了避免有机酸抑制作用，形成了两相厌氧发酵工艺（反应器），该技术中水解产酸过程和产甲烷过程分别在产酸反应器和产甲烷反应器中完成，并对两个反应器单独进行优化以提高整个反应器系统的发酵效率。

以下对几种适合于畜禽粪污的高效厌氧反应器和反应器（或工艺）类型进行介绍。

1. 完全混合式反应器

完全混合式反应器（图 4-17）在常规反应器内安装了搅拌装置，使发酵原料和微生物处于完全混合状态，活性区遍布整个反应器。该反应器采用恒温连续投料或半连续投料运行，适用于高浓度及含有大量悬浮固体原料的厌氧发酵处理，如污水处理厂好氧活性污泥的厌氧发酵多采用该反应器。在该反应器内，新进入的原料由于搅拌作用很快与反应器内的发酵液混合，发酵底物浓度始终保持相对较低状态。其排出的料液又与发酵液的底物浓度相等，因此，出料浓度一般较高，并且在出料时微生物也一起被排出。为了使生长缓慢的产甲烷菌的增殖和冲出速度保持平衡，该反应器要求 HRT 较长，以保持 10~20 天或更长时间。中温发酵时负荷为 3~4 千克 COD/（米^3·天），高温发酵时负荷为 5~6 千克 COD/（米^3·天）。

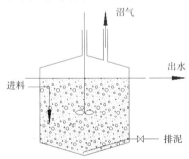

图 4-17　完全混合式反应器

优点：①该反应器允许进入高悬浮固体含量的原料，进料 TS 浓度最高可达 15%，通常为 8%~12%；②反应器内物料均匀分布，避免了分层，增加底物和微生物接触的机会；③反应器内温度分布均匀；④进入反应器的抑制物能够迅速分散并保持在最低浓度水平；⑤避免浮渣结壳、堵塞、气体逸出不畅和沟流现象；⑥ 由于反应器内为均相系统，易于建立数学模型。

缺点：①该反应器无法在 SRT 和 MRT 大于 HRT 的情况下运行，需要的反应器体积较大；②需要足够的搅拌，能耗较高；③对于大型反应器难以做到完全混合；④底物流出反应器时未完全消化，同时微生物随出料而流失，造成出水 COD 浓度较高，且不能最大限度地回收有机废弃物中蕴藏的能源。

欧洲等沼气工程发达地区广泛采用完全混合式反应器，该反应器是畜禽养殖场大中型沼气工程中应用较为广泛的一种反应器，反应器出口液可直接作为液体有机肥（水肥）使用。搅拌装置一般每隔 2~4 小时搅拌一次。在排放沼液时，通常停止搅拌，待沉淀分离后从上部排出上清液。为保证发酵效率和沼气产量，反应器通常采取中温或高温发酵，在反应器外或反应器壁设置增温装置，维持反应料液温度。

2. 升流式厌氧固体反应器

升流式厌氧固体反应器的结构如图 4-18 所示。原料从反应器底部配水系统进入，均匀分布在反应器的底部，然后向上升流通过含有高浓度厌氧微生物的固体床，使沼液中的有机固体与厌氧微生物充分接触反应，有机固体被液化发酵和厌氧分解后产生沼气。产生的沼气随水流上升具有搅拌混合作用，促进固体的微生物接触。比重较大的固体物质（包括微生物、未降解的固体和无机固体等）通过被动沉降作用停留在反应器中，使反应器内保持较高的固体量和生物量，可使反应器有较高的微生物滞留时间，上清液从反应器上部排出，反应器能够获得比 HRT 高得多的 SRT 和 MRT。反应器内不设三相分离器和搅拌装置，也不需要污泥回流，在出水渠前设置挡渣板，减少 SS（suspended solids，固体悬浮物）的流失。在反应器液面会形成浮渣层，浮渣层达到一定厚度后趋于动态平衡。沼气通过浮渣层进入反应器顶部，对浮渣层产生一定的"破碎"作用。对于生产性的反应器，由于浮渣层面积较大，浮渣层不会引起堵塞。反应器底部设排泥管可把多余的污泥和惰性物质定期排出。

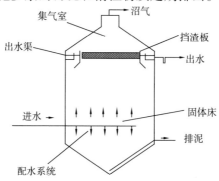

图 4-18　升流式厌氧固体反应器的结构

据国外研究，利用中温升流式厌氧固体反应器，在 TS 浓度为 12% 的海藻厌氧发酵时，其挥发性固体负荷为 1.6~9.6 千克/（米³·天），甲烷产量为 0.34~0.38 米³/千克挥发性固体，甲烷产率为 0.6~3.2 米³/（米³·天），这个效果明显比完全混合式反应器好得多，其效率接近于升流式厌氧污泥床的功能，但是升流式厌氧污泥床只能处理溶解性有机废水及 SS 低于 3 500 毫克/升的有机废水。

首都师范大学利用升流式厌氧固体反应器进行鸡粪沼气中温发酵研究，进料 TS 浓度为 5%~6%，SS 为 45 000~55 000 毫克/升，COD 为 42 000~55 000 毫克/升，升流式厌氧固体反应器的负荷可高达 10 千克 COD/（米³·天），HRT 为 5 天，产气率为 4.88 米³/（米³·天），甲烷含量约 60%，SS 去除率为 66.2%，COD 去除率约 85%。之所以能够达到如此高的负荷和去除率，是因为反应器实现了较长的 SRT 和 MRT，按照 SRT 的计算公式[①]可求出 SRT 为 25.1 天，其中 TSS_r=8.1，TSS_e=1.7，RV=15 升，EV=3 升，D_r=80.9 克/升，D_e=76.8 克/升。

从国内外的研究情况来看，升流式厌氧固体反应器在处理高 SS 废弃物时具有较高的实用价值，如酒精废醪、丙丁废醪、猪粪、淀粉废水等均可使用升流式厌氧固体反应器进行处理。我国酒精废醪多采用升流式厌氧固体反应器，其有机负荷一般为 6~8 千克 COD/（米³·天）。

3. 干发酵工艺

干发酵工艺是指以秸秆、干清粪收集的畜禽粪污、有机垃圾等干物质浓度在 20% 以上的有机固体废弃物为原料，在无流动水的条件下进行的厌氧发酵工艺。该工艺通常直接用于处理高固体含量有机物，不需要添加水稀释。干发酵原料的干物质浓度高导致的进出料难、传热传质不均匀、酸中毒等问题，是干发酵的技术难点，国内外对此都进行了深入研究。表 4-2 比较了湿式发酵和干发酵工艺处理固体有机废弃物的特点。

表 4-2　湿式发酵和干发酵比较分析

特点	发酵工艺	
	湿式发酵	干发酵
反应器	反应器技术比较成熟，处理相同体积有机固体废弃物需要较大的反应器体积，容易短路及形成沉降和浮渣层	反应器技术还不完善，处理相同体积有机固体废弃物需要较小的反应器体积，系统稳定，不会短路，但不能单独处理 TS 浓度<20% 的湿原料

---

① SRT=[TSS_r×(RV×D_r)]/[TSS_e×(EV×D_e)]，其中，SRT 为固体滞留期（d）；TSS_r 为反应器内总悬浮固体 TSS 的平均百分浓度；TSS_e 为反应器出水的 TSS 的平均百分浓度；RV 为反应器体积；D_r 为反应器内固体密度；EV 为每天出水的体积（等于进料的体积）；D_e 为出水中的固体密度。

续表

特点	发酵工艺	
	湿式发酵	干发酵
预处理	需要添加大量的新鲜水用于稀释，每降解一吨垃圾需加一立方米水，且预处理中有机物损失较大（15%~25%的挥发性固体）；对碎石、木块等杂质的去除要求高	除了 TS 浓度>50%以上的垃圾，一般不需要添加大量的水稀释，处理同样的垃圾需水量为湿式发酵工艺的 1/10 左右，且预处理中挥发性有机物损失较少；对杂质的去除没有湿式发酵的要求高
有机负荷	容积有机负荷率相对较低，以 Waasa 工艺为例，有机负荷为 6 千克挥发性固体/（米^3·天）	容积有机负荷率相对较高，以 Dranco 工艺为例，有机负荷为 15 千克挥发性固体/（米^3·天）
产气率	已经报道的最大产气率为实际参加反应的反应器体积的 3 倍	已经实现最大产气率为实际参加反应的反应器体积的 6 倍
毒性问题	毒性物质经过水稀释，毒性问题不严重	较高的原料浓度造成毒性物质浓度也较高，可能抑制厌氧发酵
工艺成本	垃圾经过预处理后，传送和消化处理设备便宜，但需要大型昂贵的脱水设备；消化剩余物运输成本高	预处理简单，需要昂贵的传送及搅拌设备，脱水成本和消化剩余物运输成本较低

　　20 世纪 90 年代起，以德国、法国、比利时和瑞士为代表的发达国家开始进行沼气间歇固态发酵（干发酵）技术及工业级装备研发，用于处理牛粪、农作物秸秆和有机垃圾。目前，欧洲的干发酵技术已经成熟，普遍用于处理各类固体有机垃圾，如德国的车库型干发酵系统（图 4-19），以及比利时 Organic Waste Systems 公司开发的 Dranco 工艺、瑞士 Kompogas AG 公司开发的 Kompogas 工艺和法国 Steinmueller Valorga Sarl 公司开发的 Valorga 工艺（图 4-20）。

图 4-19　车库型干发酵系统

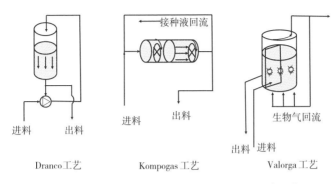

图 4-20　Dranco、Kompogas 和 Valorga 工艺设计示意图

车库型干发酵系统，以牛粪和 50% 的接种物进行中温（35℃）发酵，在沼气干发酵开始后的 2~5 天产气趋于稳定，甲烷含量保持在 60%~65%，产气高峰在 10~28 天。德国 Bioferm 公司生产的车库型干发酵系统采用中温发酵，牛粪产气率为 218.4 升/千克 TS，饲草的产气率为 191.38 升/千克 TS，绿化废弃物的产气率为 188.64 升/千克 TS，产气高峰都在前 30 天内。

Dranco 工艺采用高温反应器，将原料从反应器顶部加入，从反应器底部出料，反应器中一般没有搅拌，垃圾以栓塞流方式垂直移动，一部分发酵残余物作为接种剂再次进入新鲜垃圾中。该工艺进料固体浓度为 15%~40%，负荷为 10 千克 COD/（米^3·天），发酵温度为 50~58℃，发酵时间为 15~20 天，每吨垃圾产生的生物气为 100~200 立方米。

Kompogas 工艺的原理与 Dranco 工艺相似，但有机固体废弃物在圆柱形反应器中栓塞流水平移动，处理对象主要是厨余垃圾和庭院垃圾，维持 TS 浓度在 30%~45%，粒径小于 40 毫米，pH 为 4.5~7.0，C/N 大于 18，发酵温度为 54℃，发酵时间为 15~18 天。

Valorga 工艺的反应器设计独特，为垂直圆柱形，内有一垂直的板将反应器隔开，将原料从反应器底部的进料口加入，产生的一部分生物气每隔 15 分钟就会通过管网从反应器底部以高压方式注入，从而起到气体搅拌混合原料的作用。该工艺要求 TS 浓度为 25%~35%，当 TS 浓度小于 20% 时较重的颗粒会出现沉淀，停留时间为 14~28 天，产气量为 80~180 米^3/吨。

随着我国沼气技术的发展，大型干发酵系统将成为处理畜禽粪污、农林废弃物和有机垃圾的重要选择。目前，中国科学院成都生物研究所、中国科学院广州能源研究所、农业农村部规划设计研究院、北京化工大学和清华大学等科研院所和大学对干发酵工艺进行了深入的研究。

4. 覆膜干式厌氧发酵槽反应器

原料在反应器中经过"好氧升温—厌氧发酵—好氧堆肥"三个阶段，生产出沼气和有机肥料两种产品，且没有沼液和其他废弃物排放。其突出的特点是利用好氧发酵的生物能使原料升温（同时实施秸秆生物预处理），辅以高效的保温措施，不用外加热源，可使物料在厌氧产气期内保持"中温"（35~42℃）状态，且每天的温降小于0.15℃，可以有效地提高沼气产气率，减少系统的能耗，降低运行成本。

覆膜干式厌氧发酵槽反应器一般需要设计多个发酵槽。以八个发酵槽为例，如图 4-21 所示，其中四个处于厌氧产气阶段，一个处于好氧预处理升温阶段，三个处于脱水制肥阶段。

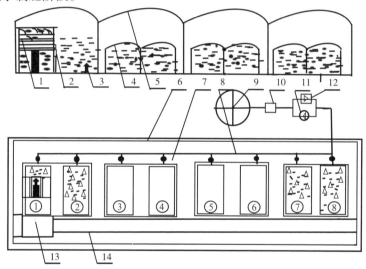

图 4-21　覆膜槽沼气干法发酵系统

1. 专用搅拌设备；2. 反应器槽体（加保温层）；3. 专用搅拌设备轨道；4. 柔性膜；5. 温室；
6. 输气干管；7. 球阀；8. 输气支管；9. 储气柜；10. 沼气净化器；11. 沼气压送机；
12. 止回阀；13. 专用搅拌设备的移槽机；14. 移槽机轨道；①~⑧为发酵槽

5. 两相厌氧发酵工艺

两相厌氧发酵工艺又称两步厌氧发酵，是将厌氧发酵的水解酸化过程和产甲烷过程加以隔离，分别在两个反应器内进行的一种工艺。该工艺通常用来处理容易酸化的有机废水和易腐性有机固体废弃物。由于这类原料的水解产酸速率较快，在厌氧发酵过程中容易积累大量的挥发性有机酸抑制甲烷的产生。为了避免有机酸抑制作用，该工艺将水解酸化和产甲烷分别在产酸反应器和产甲烷反应器中完成，并对两个反应器及其运行条件单独进行优化以提高整个反应器系统的消化效率。

1）液—液两相厌氧发酵工艺

液—液两相厌氧发酵工艺主要用于处理容易酸化的高浓度有机废水，曾被用来处理果酒过程生产的废水，其工艺流程见图4-22。因为水解酸化细菌繁殖较快，所以产酸反应器体积较小。强烈的产酸作用将发酵液 pH 降低到 5.5 以下，此时完全抑制了产甲烷菌的活动。产甲烷菌繁殖速度较慢而限制厌氧发酵速率，为了稀释有机酸浓度避免抑制甲烷生成，产甲烷反应器比产酸反应器体积大。因进料是经酸化和分离后的有机酸溶液，SS 含量较低，所以产甲烷反应器采用升流式厌氧污泥床，而产酸反应器 SS 含量较高，因此采用完全混合式反应器。

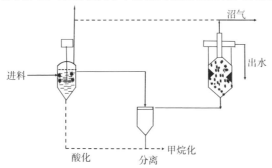

图 4-22　完全混合式反应器–升流式厌氧污泥床两相厌氧发酵工艺流程

荷兰的 Pacques 工艺、德国和加拿大的两相 BTA 工艺及德国的 Biocomp 工艺均属于液—液两相厌氧发酵工艺，被用来处理有机垃圾。Pacques 工艺是中温工艺，主要处理水果蔬菜垃圾和源头分选有机垃圾。水解反应器 TS 浓度为 10%，采用气流搅拌，消化物经过脱水，液体部分进入升流式厌氧污泥床生产甲烷，固体的一部分被加入水解反应器中作为接种物，剩余部分用于堆肥。BTA 工艺的 TS 浓度要求为 10%左右，中温厌氧发酵。产甲烷反应器采用附着型生物膜反应器，能保证足够的微生物停留时间。为了防止附着型生物膜反应器的堵塞，仅液体部分进入产甲烷反应器。同时，为了维持水解反应器的 pH 在 6~7，产甲烷反应器中发酵后的液体又循环回水解反应器。

2）固—液两相厌氧发酵工艺

固—液两相厌氧发酵工艺主要用来处理有机固体废弃物，其工艺流程是：将秸秆、粪便、有机垃圾等固体物置于喷淋固体床（也叫固体渗滤床）内进行酸化，淋洗酸液进入升流式厌氧污泥床或厌氧滤器等高效产甲烷反应器生产沼气，产甲烷反应器出水再循环喷淋固体床（图4-23）。整个工艺过程中，系统没有液体排出，产生的固体残渣可以通过后续处理生产有机肥。通过渗滤液集中收集、沼液喷淋和搅拌等方式，提高系统的发酵速率和稳定性，解决传统固体废弃物厌氧发酵中出现的易酸化、难搅拌、产气不稳定等难题。

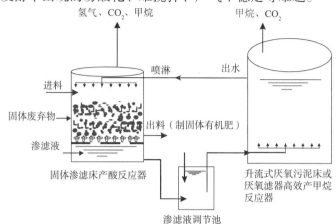

图 4-23　固—液两相厌氧发酵工艺

（二）生物燃气热电联产系统

不同规模的沼气工程将配套不同类型的生物燃气发电技术。对于总装机容量小于 5 兆瓦的系统，一般选择内燃机发电机组；对于总装机容量大于 5 兆瓦的系统，可以选择燃气轮机发电机组。我国大部分沼气工程规模偏小，沼气工程一般配套内燃机发电机组，只有个别大规模的沼气工程配套燃气轮机发电机组。例如，河南天冠企业集团有限公司的二期生物燃气工程。

1. 以内燃机为原动机的热电联产系统

规格 0.004~5 兆瓦的内燃机在市场上都有销售，对用户来说有很大的选择余地。同样规格的内燃机比燃气轮机和热气机投资低。以内燃机为原动机的生物燃气发电机组可回收的余热包括空气冷却器（中冷器）、润滑油冷却器、发动机冷却水（缸套水）和高温烟道气中蕴藏的热量四部分。国产大部分余热利用系统只能对后两部分回收利用，国外先进的余热利用系统（如奥地利颜巴赫沼气发电机组）则可实现对上述四部分回收利用。各部分余热占生物燃气总能量的比例详见图4-24，国外最先进的发电机组总效率大于 80%，其中发电效率约 40%。一般来讲，从发电机组排出的高温烟道气温度为 450~600℃，是较高品位的热源。发电机组除了可以产生热水，还可以产生蒸汽。通过余热回收后，烟道气温度降到110~120℃；为了进一步回收烟道气中水蒸气的气化潜热，可把烟道气温度降到100℃以下，此时对设备的要求较高。缸套水为高温热水，温度通常为 85~95℃，中冷器和润滑油冷却器的出水为低温热水，温度通常为 50~60℃。与燃气轮机相比，内燃机的供热量较小，比较适合供应热水、热空气、低压蒸汽的场合。内燃机的排气中含氧量较高，可以达到 15%，如果需要中压蒸汽，则可以在余热锅炉中采用补燃方式，如图 4-25 所示。

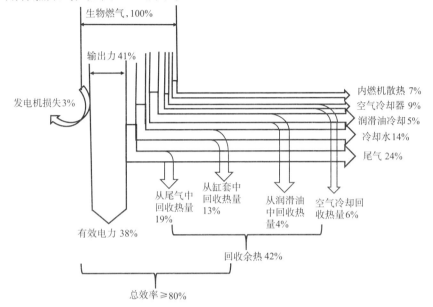

图 4-24　热电联供发电机组能量平衡

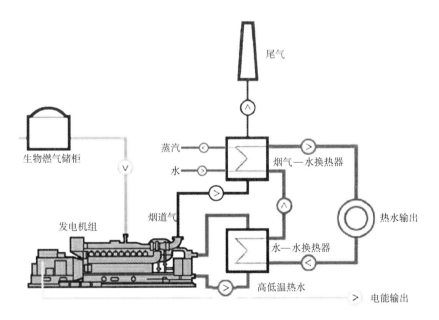

图 4-25　内燃机发电机组的余热产生及回收原理

2. 以燃气轮机为原动机的热电联产系统

燃气轮机的发电容量为 0.025~100 兆瓦，效率最低可达 15%，效率主要取决于其回热装置。传统意义上的燃气轮机发电容量范围为 5~100 兆瓦，发电效率较高，最高可达 45%。图 4-26 为燃气轮机发电机组的余热产生及回收原理。空气在压气透平中被压缩成高温、高压气体，进入燃烧室燃烧，产生的温度极高的燃烧气体进入燃气透平带动发电机发电，同时高温烟气被排出。与内燃机不同，通常高温烟气是燃气轮机唯一的废热来源，燃气轮机的烟气温度为 700~900℃，比内燃机的烟气温度高，燃气轮机排出的气体可全部用于产生蒸汽。

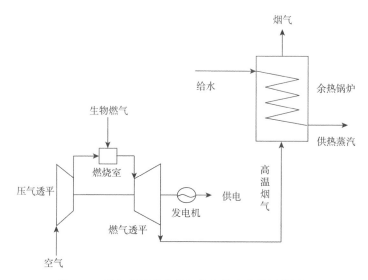

图 4-26　燃气轮机发电机组的余热产生及回收原理

1990 年以后，我国针对小规模的发电系统开发了小型和微型燃气轮机，发电容量分别为 25~500 千瓦和 500~5 000 千瓦。小型和微型燃气轮机发电机组的发电效率较低，在没有采用回热器的情况下发电效率仅为 15%~20%，一般可以采用回热器提高发电效率至 30% 以上。设置的回热器降低了烟气温度，烟气温度仅为 300~400℃，低于同等规格的燃气内燃机烟气温度，如图 4-27 所示。

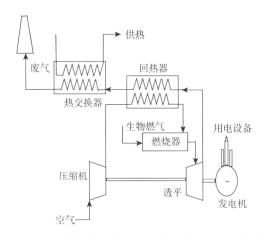

图 4-27　微型燃气轮机发电机组的余热产生及回收原理

3. 以燃气外燃机为原动机的热电联产系统

现代的燃气外燃机主要是指热气机，国外称为斯特林热机（Stirling Engine），由苏格兰牧师 Robert Stirling 在 19 世纪初发明。热气机是一种外燃式机械，燃气不用增压，在密闭的容器中进行，通过换热器和外界交换热量，工质一般为氢气、氮气或氦气。斯特林循环包括两个等温过程和两个等容过程。图 4-28 为一种配气活塞式燃气外燃机的布置图。这种形式的发动机第一个过程是等温压缩过程，动力活塞从下止点开始向上运动，配气活塞从中间位置向下运动到下止点，工质通过冷却水冷却后被等温压缩；第二个过程是等容吸热过程，动力活塞继续向上运动到上止点，配气活塞向上运动到中间位置，工质进入回热器吸收一部分热量后，被加热器继续加热；第三个过程是等温膨胀做功过程，工质膨胀推动动力活塞向下运动，配气活塞向上运动到上止点；第四个过程是冷却过程，动力活塞继续向下运动，配气活塞向下运动，推动工质先进入回热器吸收一部分能量，然后工质被冷却水冷却到初始状态，进入下一个循环。斯特林机组的发电效率可达到 29%。2003 年，美国斯特林热力发动机公司推出了 32 千瓦的热气机发电机组，机组运行的同时可以提供 56 千瓦的热量，该设备目前已有多种型号可供选择，旨在弥补市场上低功率联供机组的空白。

热气机烟气余热一般用来预热燃料和空气混合物，从而提高发电效率。可供回收利用的余热来自热气机机身的冷却水，冷却水为 50~80℃的低温热水，品位较低，只能用于吸收式制冷和采暖等。

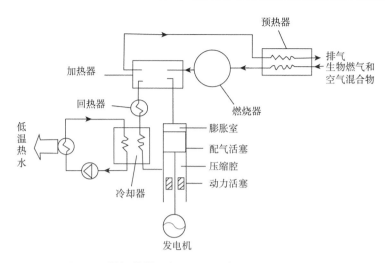

图 4-28　燃气外燃机发电机组的余热产生及回收原理

4. 以燃料电池为原动机的热电联产系统

燃料电池是一种将储存在燃料中的化学能直接转化为电能的装置，与其他发电方式相比，燃料电池具有能量转换效率高、无污染、噪声低、适应不同功率要求等优点。日本东芝公司从 20 世纪 70 年代开始，重点研发分散型燃料电池，至今已将 0.2~11 兆瓦系统形成了系列化，其中 11 兆瓦系统是世界上最大的燃料电池发电设备。

依据电解质的不同，燃料电池分为碱性燃料电池（alkaline fuel cell）、磷酸型燃料电池（phosphoric acid fuel cell）、熔融碳酸盐燃料电池（molten carbonate fuel cell）、固体氧化物燃料电池（solid oxide fuel cell）及质子交换膜燃料电池（proton exchange membrane fuel cell）等，不同类型燃料电池的特点见表 4-3。可以看出，适合生物燃气发电的燃料电池种类主要为熔融碳酸盐燃料电池和固体氧化物燃料电池，其他类型的燃料电池只能间接利用生物燃气，即催化重整生物燃气制氢。

表 4-3　不同类型燃料电池的特点

类型	碱性燃料电池	质子交换膜 燃料电池	磷酸型 燃料电池	熔融碳酸盐 燃料电池	固体氧化物 燃料电池
操作温度	60~80℃	60~90℃	190℃	600~700℃	800~1 000℃
发电效率	50%~60%	50%~60%	40%~50%	40%~50%	50%~60%
余热温度	低	低	中	高	很高
直接燃料	氢气	氢气	氢气	CO、甲烷、氢气	CO、甲烷、氢气
需要完全去除的杂质	硫、CO、CO_2	硫、CO、NH_3	硫	硫	硫

熔融碳酸盐燃料电池通过多孔陶瓷材料和金属材料,将熔融状态的碳酸盐作为电解质,直接利用表4-3中可燃气在高温下进行非燃烧反应,发电效率高达50%,并能产生 600~700℃高温余热,可以代替燃气轮机的燃烧室,形成燃料电池—燃气轮机—蒸汽轮机联合循环的热电联产,总效率极高,可以在发电效率超过60%的情况下,取得95%的热电效率,是将来大型发电/热电设施的理想选择。

固体氧化物燃料电池以固体氧化物作为电解质,在高温下进行非燃烧反应,工作温度可超过800℃,可以利用多种可燃气体,最适合分散发电和热电联产,使用燃料电池—燃气轮机—蒸汽轮机联合循环发电时效率可提高到 70%,热电效率接近95%。以固体氧化物燃料电池为原动机的余热产生及回收原理如图4-29所示。

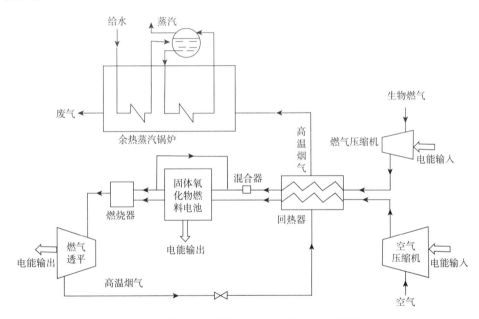

图 4-29　固体氧化物燃料电池的余热产生及回收原理

（三）生物燃气提纯系统

沼气提纯主要是对 CO_2 的去除,目前具有商业应用价值的提纯技术主要有变压吸附法（pressure swing adsorption）、吸收法等,膜分离法也有少量应用。

1. 变压吸附法

变压吸附法在沼气领域应用广泛,常用的吸附剂有活性炭、硅胶、氧化铝和沸石等,沼气变压吸附法脱除 CO_2 系统如图4-30所示。沼气中含有的 H_2S 会导致吸附剂永久性中毒,而且变压吸附要求气体干燥,因此,沼气在进入变压吸附系统前要进行脱硫和脱水处理。变压吸附法工艺流程简单，脱碳率高，但甲烷损失较大，尾气中甲烷含量达5%，且不易处理，为了提高吸附脱碳效果，目前变压吸附法的研究主要集中在吸附剂的选择和开发上。

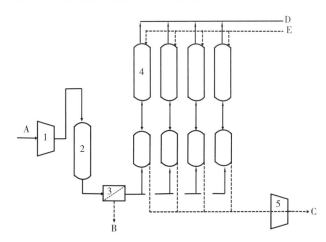

图 4-30　沼气变压吸附法脱除 CO_2 系统

1. 压缩机；2. 脱硫装置；3. 气体调节器；4. 吸附装置；5. 真空泵
A. 沼气；B. 冷凝水；C. 废气；D. 富甲烷气体；E. 吹扫气体

2. 吸收法

吸收法有物理吸收法和化学吸收法。

物理吸收法脱除 CO_2 是根据溶液在不同压力下对 CO_2 的溶解度不同，利用加压吸收、减压再生的方式实现 CO_2 的吸收与吸收液的再生，主要包括加压水洗法、碳酸丙烯酯法、聚乙二醇法等，其中，加压水洗法是沼气提纯中应用最多的物理吸收法，系统结构如图 4-31 所示。生产的沼气经压缩机压缩，由吸收塔塔底进入，与从塔顶喷淋的水逆向接触，富液由塔底减压后流向闪蒸罐（0.2~0.4兆帕），闪蒸出其中所溶解的部分 CO_2、甲烷等气体，对闪蒸气进行回收，闪蒸液流入解吸塔，再经常压气提，将气提气放空后，水得以再生，再生后的水可以循环使用。加压水洗法提纯工艺中水的来源丰富、无毒，工艺简单，且 CO_2 在水中的溶解度远大于甲烷的溶解度，甲烷损失较少，故加压水洗法在沼气产业发达的欧洲得到广泛应用。

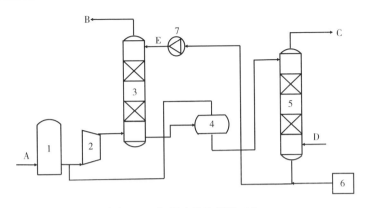

图 4-31 加压水洗法脱除 CO_2

1. 储气罐；2. 压缩机；3. 吸收塔；4. 闪蒸罐；5. 解吸塔；6. 贮水罐；7. 水泵
A. 沼气；B. 净化气；C. 废气；D. 空气；E. 水

化学吸收法是沼气中的 CO_2 与溶剂在吸收塔内发生化学反应，CO_2 进入溶剂形成富液，富液进入脱吸塔加热分解 CO_2，吸收与脱吸交替进行，从而实现 CO_2 的分离回收，工艺流程如图 4-32 所示。化学吸收法气体净化度高、处理量大，但对原料气适应性不强，需要复杂的预处理系统，吸收剂的再生循环操作较为烦琐，目前工业中广泛采用醇胺法脱碳。

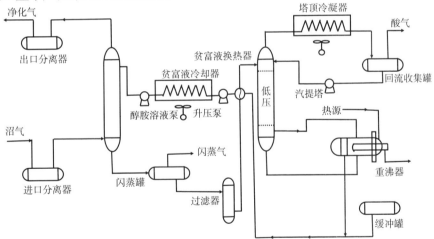

图 4-32 化学吸收法工艺流程

3. 膜分离法

膜分离法利用各气体组分在高分子聚合物中的溶解扩散速率不同，在膜两侧分压差的作用下其渗透通过纤维膜壁的速率不同而分离。膜分离法其中一种是膜的两边都是气相的高压气体分离（图 4-33），另一种是通过液体吸收扩散穿过膜的低压气相—液相吸收分离（图 4-34）。膜分离法工艺简单、操作方便、对环境友好、能耗低，但价格高、一次投资大、甲烷损失大，且沼气中的少量杂质会导致膜受损。目前的膜分离法仍处于小规模 CO_2 分离应用阶段，主要集中在高效低成本膜材料的开发上。

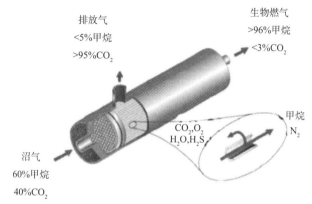

图 4-33 气体膜分离原理

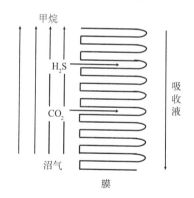

图 4-34 气相—液相吸收膜分离原理

（四）生物燃气制化学品系统

生物燃气主要通过以下两种途径实现化工产品制备。

1. 生产甲烷和 CO_2 工业气体

通过净化提纯技术从沼气中把甲烷和 CO_2 直接分离出来作为工业气体使用。其中，甲烷可用来替代天然气，用于合成燃料和多种基础化学品。例如，甲烷可直接转化成乙炔、氯甲烷、氢氰酸和硝基甲烷等。

2. 生产合成气

在化学工业领域，合成气（CO+氢气）是重要的化工原料，可以生产多种高附加值的液体燃料和化工产品。例如，合成氨生产化肥，或经过费托合成制取液体燃料（汽油和柴油），也可转化成甲醇、二甲醚、低碳混合醇和低碳烯烃等一系列重要的燃料或化工产品。通常，合成气通过 CO_2 重整［式（4-1）］或水蒸气重整［式（4-2）］得到。

$$CH_4+CO_2 \rightarrow 2CO+2H_2 \tag{4-1}$$
$$CH_4+H_2O \rightarrow CO+3H_2 \tag{4-2}$$

利用沼气经催化重整制取合成气，可以形成低耗、低成本的利用有机固体废弃物生产化学品的绿色、清洁生产新工艺。该利用途径首先可以实现农村生物燃气向工业化应用的重大转变，将农林废弃物转化成高附加值的产品，可以在农村形成一个新的产业，即生物燃气化工产业，为农业和农村开辟出新的致富之路。其次，该利用途径可以减少化工产品生产对化石原料的依赖，实现从化石基化工向生物基化工转变。

用甲烷和 CO_2 按化学反应要求配比来制取合成气（CO+氢气）的技术在化学工业上已经比较成熟。但是，虽然生物燃气经净化提纯后甲烷和 CO_2 的含量可以达到97%以上，但仍含有微量的其他气体成分，对催化剂有"毒害"作用，对催化过程会产生不利的影响，因此，催化合成技术对沼气净化要求较高。生物燃气中甲烷和 CO_2 的含量分别约占60%和35%，根据式（4-1）的要求，甲烷和 CO_2 的比例为1:1，因此，应根据生物的成分特点，调整生物燃气制合成气工艺流程及化学反应过程（如在反应原料气中加入少量氧气），并研制新型催化剂，使生物燃气完全转化为合成气，最终建立"生物过程"与"化学过程"耦合为一体的生物燃气化工产业。

（五）沼液、沼渣资源化系统

厌氧发酵过程中，发酵料液中的可溶物主要由分子量不等的有机物及各种离子组成。沼液、沼渣中已被测出含有氮、磷、钾等营养元素，有氨基酸、维生素、蛋白质、赤霉素、生长素、糖类、核酸等对作物及畜禽的生长发育有调控作用的生理活性物质，有钙、铁、锌等刺激作物发芽和生长的离子。厌氧发酵生态产业系统示意图如图4-35所示，畜禽粪污厌氧发酵会产生生物燃气——沼气，同时将气肥耦联生产、农业种植和环境保护紧密结合，形成规模化的生态农业产业链，用科技和市场带动农业生产与农民致富，通过产业的延伸、拓展实现生态产业价值链的发展与增值，为农业的生态化生产提供崭新的应用模式，实现气肥耦联生产、农业生产和环境保护的协调运行。

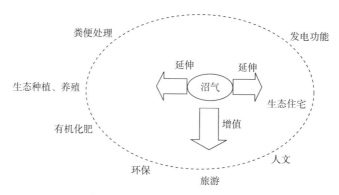

图 4-35　厌氧发酵生态产业系统示意图

　　沼液的利用主要包括沼液浸种、作为叶面肥、病虫害防治和作为有机肥直接灌溉，如图 4-36 所示。沼液浸种主要是在浸种过程中，种子吸收沼液中的各种营养物质和微生物分泌的多种活性物质，激化种子体内酶的活动，促进胚细胞分裂，刺激种子生长。沼液作为叶面肥可调节作物生长代谢、补充营养，促进作物生长平衡，增强光合作用能力。沼液病虫害防治研究表明，沼液对 19 种虫害有明显的防治效果，对 10 种青霉和曲霉有不同的抑制效果，对 17 种农作物病原菌有不同程度的抑制作用。沼液、沼渣中含有丰富的有机质和较多的腐植酸，既是一种优质的基肥，也是良好的土壤改良剂，施用沼液、沼渣有机肥可增加土壤团粒结构，增加土壤中的孔隙度，协调土壤中水、肥、气、热条件，同时可以协调植株内激素的平衡。沼渣除了做土壤的基肥以外，它的酸碱度适中，质地也较为疏松，是人工栽培蘑菇的上好培养料。同时，将沼渣拌入家畜饲料中，可起到促进家畜生长、缩短育肥期、提高饲料转换率、降低料肉比的作用。

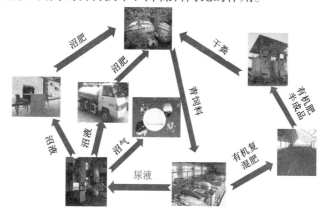

图 4-36　沼液、沼渣综合利用系统

　　目前沼液的利用主要局限于直接利用，然而我国种养不协调，沼气工程周边的土地无法消纳产生的全部沼液，容易造成二次污染。目前，山东民和生物科技股份有限公司等企业采用膜浓缩的方法生产叶面肥和冲施肥，提高了沼液附加值。一些研发机构尝试采用微藻养殖的方式，利用沼液的营养成分，同时固定生物燃气产生的 CO_2，以实现沼液处理和 CO_2 固定。细菌生长速率快、不受光照影响，因此，利用细菌进行沼液处理和 CO_2 固定更具应用前景，通过特定微生物可以实现单细胞蛋白（single cell protein）和聚羟基脂肪酸（polyhydroxyalkanoates）的生产。目前，该新技术还处于实验室研发阶段。

第三节　畜禽粪污能源化工系统典型案例

一、国外案例及分析

德国哈德格森的大型沼气工程完全采用德国先进的多级混合物质发酵技术（两相厌氧发酵），原料在厌氧发酵罐中经过大约 60 天的完全发酵后，其有机物的分解率达到 90% 以上，真正达到将资源充分开发利用的目的。所有生物发酵过程和沼气提纯过程的运营采用高度自动化的监控技术。该工程的设计规模为每小时产气 1 200 立方米，采用沼气锅炉给发酵罐增温，每小时锅炉消耗沼气约 150 立方米，自动维持厌氧发酵罐和次级厌氧发酵罐内 40℃ 恒温。该工程设计全年运营时间为 8 200 小时，平均每天运营 22.5 小时，设计全年沼气产气总量为 984 万立方米，沼气锅炉消耗气体量为 123 万立方米，剩余气体通过低压吸附工艺提纯达到天然气品质（甲烷含量达到 97% 以上）后，输入德国国家天然气网，供给天然气用户，设计年输送国家天然气网的沼气总量为 470.44 万立方米。该沼气工程采用混合原料的干法发酵方法，主要原料来自签约的附近的 50 个农场主供应的青储玉米秸秆、麦秸秆等，此外还有少量的人畜粪便及高浓度有机污水（主要来自附近农场的畜禽粪污和冲洗污水等）作为补充发酵原料。粪污液体原料经过收集后用粪罐车运输到沼气站，输送入发酵原料预处理池，通过预处理后泵入发酵罐与秸秆原料充分混合。

该沼气工程平均每天处理 50 立方米粪污，沼气系统由一个 350 立方米的预处理池（主要用于处理畜禽粪污），两个一级钢筋混凝土结构的产气、储气一体化发酵罐（体积为 3 435 立方米）和两个体积为 3 435 立方米的二级产气、储气一体化发酵罐，以及三个体积 3 633 立方米的产气、储气一体化发酵残余物储存罐组成。德国相关法律规定，用于农田喷洒的厌氧发酵残余物必须储存 180 天（加上厌氧发酵时间）后才能用于喷洒农田。

该沼气工程储气采用各自独立的双膜储气装置通过气体管道相互连通的方

式;一级、二级厌氧发酵罐储气装置设计容积为 1 921 立方米,发酵料液残物储存罐的储气装置设计容积为 2 123 立方米,储气装置设计总容积为 14 053 立方米。整个工程(包括沼气提纯部分)总投资 1 100 万欧元。沼气站在 2011 年时仅有两人管理操作,自动化程度和运营效率非常高。

二、国内案例及分析

(一)山东民和生物燃气热电联产

生物燃气热电联产模式生产的生物燃气产品主要用于热电联供、电力上网,余热用于发酵罐增温、保温及周边供热,如图 4-37 所示。该模式的典型案例为山东民和畜禽养殖场生物燃气发电项目。

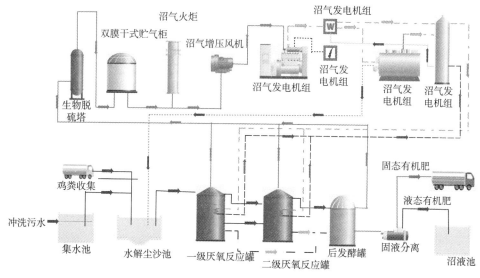

图 4-37　生物燃气热电联产典型模式

山东民和畜禽养殖场生物燃气发电项目在 2009 年时是国内规模最大的畜禽养殖场生物燃气发电工程,同时还是国内第一个畜禽养殖场粪污制备生物燃气工程及资源化利用 CDM(clean development mechanism,清洁发展机制)项目,该CDM 项目于 2009 年 4 月 27 日在联合国注册成功,并于 6 月投产。详细介绍如下。

(1)工艺类型:完全混合式反应器发酵工艺。

(2)日处理量:500 吨鸡粪,TS 浓度为 20%,23 个养鸡场的粪污。

(3)日产生物燃气量:32 000 立方米。

(4)装机量:3 000 千瓦,日发电量 65 000 千瓦时。

（5）年减排温室气体：69 000 吨 CO_2 当量，CDM 收益约 700 万元。

该项目是国内第一个与世界银行 CDM 交易成功的生物燃气项目，是国内最大的农业生物燃气发电工程，年发电收益 1 725 万元，碳交易收益 700 万元，肥料收入 300 万元，扣除自用耗电、人工、运输等成本支出 1 425 万元，该项目年收益 1 300 万元。工程总投资约 6 300 万元，投资回收期为 4.85 年，是非常优质的项目[1]。

（二）德青源生物燃气提纯供气

生物燃气提纯供气模式是将生物燃气直接通过管道输送或经过净化提纯后通过高压槽车运输到工程周边的村镇进行集中供气，如图 4-38 所示。该模式的典型案例为德青源二期沼气纯化万户供气工程。

图 4-38　生物燃气提纯供气典型模式

该项目以秸秆、粪便、枝叶、餐厨等混合原料进行发酵生产沼气，沼气经纯化压缩后制成高纯度燃气，用高压槽车送至周边村镇建设的沼气储罐中，再以村内管线输送至农民家中作为清洁能源使用。详细介绍如下。

（1）发酵原料：秸秆 45 吨/天。

（2）年产气量：460 万立方米。

（3）年产纯化气量：276 万立方米。

---

① 以上数据为该项目综合评估数据。

（4）发酵罐容积：2 000 立方米×2+500 立方米×2。

（5）储气柜容积：2 000 立方米。

（6）提纯模式：膜分离提纯。

（7）纯化后甲烷含量：≥97%。

（8）甲烷得率：≥99%。

1. 投资构成

秸秆沼气工程投资 4 783.30 万元，到户安装工程投资 7 611.70 万元；工程建设其他费用 1 411 万元；纯化部分 500 万元。

2. 运行成本

（1）直接成本：项目直接成本包括原辅材料及燃料动力费。考虑到秸秆为农民换气提供，按每吨秸秆 10 元计算加工费，每年为 16.43 万元。

制气工段燃料动力费按每立方米纯沼气 0.15 元计算，每年为 33.75 万元。

纯化压缩工段燃料动力费按每立方米纯沼气 0.50 元计算，每年为 112.50 万元。

直接成本合计 162.68 万元/年。

（2）人员费用：项目制气、压缩、纯化、送气及管理人员共计 20 人，平均工资水平为 4 万元/年，福利费为工资的 14%，正常年工资及福利费总额为 91.20 万元。每个村庄需要雇用 1 人负责管道和气柜的日常维护，按每年 1 万元计算，39 个村庄共计 39 万元。

人员费用每年合计 130.20 万元。

（3）折旧费：项目按分类折旧法进行折旧。建筑物折旧年限取 50 年，设备折旧年限取 20 年，残值率均取 5%。折旧费每年为 586.60 万元。

（4）维修费：维修费取折旧费的 20%，为 117.32 万元。

（5）管理费用：参照类似管理情况，该项目管理费按 5 万元/年测算。

（6）沼气项目运行总成本：

总成本（含折旧）=162.68+130.20+586.60+117.32+5=1 001.80（万元）

总成本（不含折旧）=162.68+130.20+117.32+5=415.20（万元）

3. 主要收益

为降低农民用气负担，项目对农民用气采取低于成本价供气的模式，每立方米纯化气按 2.5 元价格提供给农民，按 39 个村庄 10 100 户居民，每户日用纯化气量 0.60 立方米（折合沼气 1 立方米）计算。考虑到农村的实际情况，允许农民采用秸秆换气的方式，按每吨秸秆换纯化气 60 立方米（折合沼气 100 立方米）计算，每年向农民提供秸秆纯化气 98.55 万立方米；向农民售纯化气 188.36 万立方米，收入 470.90 万元。项目售气总收入共计 470.90 万元。

项目年产固态有机肥 10 950 吨，按 200 元/吨测算，年销售沼渣肥料收入 219 万元。

正常年销售收入总计 689.90 万元。

4. 盈利模式

由于该工程的福利性质，给农民供气部分由政府补贴建设，故计算时可以不予计入折旧费，则年盈利 274.70 万元。

第四节　畜禽粪污能源化工系统中的重大技术问题

一、高效厌氧发酵技术

（一）高负荷厌氧发酵生物强化与稳定控制技术研发

针对畜禽粪污在高有机负荷条件下，厌氧发酵过程中氨氮浓度高、产甲烷菌适应 pH 范围窄、产甲烷菌和互营有机酸降解菌的代谢速率慢、水解发酵产酸菌与产甲烷菌之间易失衡导致的高负荷厌氧发酵容易发生酸或氨抑制的问题，我国重点研发内容如下。

1. 高负荷厌氧发酵失稳预警

对不同的畜禽粪污原料开展冲击负荷厌氧发酵实验，监测高负荷厌氧发酵过程中的气体成分、产气量等气相参数和 pH、碱度、挥发性有机酸等液相参数，根据及时性、简便性、普适性、可操作性、预测性、灵敏性、非相容性原则，扩展、初筛、优选厌氧发酵过程的失稳预警指标，构建高负荷厌氧发酵失稳预警模型。

2. 高效厌氧发酵生物强化菌

研发耐氨氮产甲烷菌、嗜酸耐酸产甲烷菌、互营丙酸氧化菌、互营乙酸氧化菌，研究在高浓度有机负荷冲击下，不同生物强化菌添加策略对限制性生态因子动态变化及系统发酵效率的影响，研究不同生物强化菌的组配及添加策略，从微生物层面提高高负荷厌氧发酵稳定性。

3. 高负荷厌氧发酵稳定控制技术装备研发

研制碱度、挥发性有机酸在线测定仪，结合 pH、氧化还原电位、产气量和气体成分在线监测仪，开发成套高负荷厌氧发酵稳定控制系统，结合高负荷厌氧发酵失稳预警模型，研究有机负荷动态调控、沼液回流、外源物质添加等高负荷厌氧发酵稳定调控策略，从过程控制层面提高高负荷厌氧发酵稳定性。

（二）畜禽粪污高效、低耗、稳定厌氧消化新装备研发

现有畜禽粪污沼气工程以湿式厌氧发酵工艺为主，针对该工艺存在顶搅拌能耗高、维修难度大，以及不适合处理含固率较高的干清粪的问题，我国重点研发了如下装备。

1. 湿发酵反应器气液双相联合搅拌技术装备研发

研发气液双相联合搅拌设备，实现反应器内生物燃气和料液单相或气液双相混合的循环喷射搅拌，利用 PIV（particle image velocimetry，粒子图像测速法）测量技术考察搅拌过程中反应器内流场空间结构及流动特性；应用 CFD（computational fluid dynamics，计算流体动力学）数值模拟技术，分析反应器内的单相流、双相流气液搅拌的流动型态，与 PIV 图像对比结合，考察启动频率、气液流速、喷嘴位置及喷射角度等因素对反应器内传质传热过程的影响，优化气液双相搅拌设备结构。

2. 连续式平推流畜禽粪污干式厌氧发酵装备研制与优化

研发连续厌氧干发酵平推流强化搅拌器技术，确保发酵过程不结壳、无漂浮物，确保发酵装置长期稳定运转，同时降低动力损耗；研究发酵菌液喷淋系统与搅拌系统的合理耦合，实现接种物与底物完全混合，以及在氨氮抑制严重时有效实现回流稀释；研发过渡段软袋式挤压的进出料结构，以最低损耗实现快速建立厌氧环境或快速转换成好氧环境，解决大规模的快速进出料与反应器厌氧密封状态之间的矛盾，从而可以采用装载机进出料；集成动密封旋转接头的密封技术与机电防爆安全性设计的技术与制造工艺，研制沼气的自动收集和储存装备；发展基于工艺的过程自动调控系统，突破干发酵工艺普遍存在的规模化生产瓶颈。

（三）畜禽粪污低热损、太阳能辅热厌氧发酵技术装备研发

畜禽粪污厌氧发酵工程的热损失主要由消化剩余物的排放和发酵罐/管道的散热造成，尤其是高温厌氧发酵和北方寒冷地区沼气工程的热损失更为严重。寒冷地区冬季的厌氧发酵工程净产能较低，甚至产生的沼气不足以维持正常的发酵温度从而造成停产。对于上述问题，我国重点研发了如下装备。

1. 发酵剩余物余热回收利用装备

研发厌氧消化剩余物余热回收利用新技术，开发适合高含固率物料的新型

泥—泥换热系统，以实现发酵系统进、出物料的高效热交换；集成包括前端预处理系统、主体厌氧发酵系统、末端消化剩余物余热利用系统为一体的成套工艺设备，并实现工艺系统连续、稳定运行。

2. 寒冷地区太阳能辅助厌氧发酵技术与装备

研究寒冷地区条件下，利用太阳能光热和光伏发电与现有供热系统相结合，在改善沼气能源系统燃料单一性的同时提高能源利用效率的影响；系统性研究太阳能光热和光伏面积在不同季节产生的能源效率及对现有能源系统的影响；通过对过程的能量传递效率进行分析，优化出不同季节能源供热系统方案及经济指标评价。

二、生物燃气提质及高值利用

（一）生物燃气净化提纯技术

重点研发生物燃气脱硫和脱碳新技术。选育高效生物脱硫菌并研发两段生物脱硫新工艺；开发甲烷—CO_2 分离专用的高效吸收剂、吸附剂及分离膜，实现膜分离材料的国产化；研发加氢原位甲烷化生物脱碳技术；探索生物燃气脱碳与沼液脱氮除磷耦合处理机制及工艺系统研发。

（二）新型生物燃气储运技术

针对不同地形、规模、运输距离、村镇及加气站分布等特点，研发集中供气模式和纯化车用模式的生物燃气储运技术，重点研发吸附式罐装储运技术。

（三）基于生物燃气的分布式能源系统

根据不同的生物燃气规模、地域地形、季节气候、周边用户需求等，研发热电联产模式的发电余热综合利用技术，包括余热制蒸汽、供暖、制冷、蓄能等热能技术，构建基于生物燃气的电力、蒸汽、供热、供暖、制冷、蓄能等分布式能源系统。

（四）生物燃气制备化工产品技术

通过生物燃气催化重整制备合成气（CO+氢气），利用合成气平台的现有化工产品生产技术，构建生物燃气平台化工体系。

（五）生物燃气燃料电池技术

鉴于燃料电池技术的高转化效率、无污染、噪声低、适应不同功率要求等优点，研发适合生物燃气原料的燃料电池技术，重点研制熔融碳酸盐燃料电池和固体氧化物燃料电池系统。

（六）混氢天然气利用技术

鉴于氢能的清洁性及氢能利用系统的不成熟特点，在氢—甲烷厌氧发酵联产技术的基础上，构建混氢天然气（hythane）的输送和终端利用系统，重点研究现有天然气输送和终端利用系统的可行性、适应性及技术改造。

三、沼液高值化利用新技术

针对畜禽粪污湿式厌氧发酵后所产生的沼液量大且资源化利用率低等问题，我国重点开展如下研发工作。

（一）发酵剩余物的有效固液分离

发酵残液、残渣由传统利用方式向商品肥料利用方式转变，首先需要将发酵残液、残渣进行固液的彻底分离，但畜禽粪污经厌氧发酵后的残余物是一种粒径分布很广的有机胶体，这加大了固液彻底分离的难度。发酵残液、残渣的固液分离是影响新型利用方式构建的关键因素。因此，研究解决发酵残液、残渣固液有效分离的技术是畜禽粪污湿式厌氧技术推广应用的前提条件。重点开发发酵剩余物多级分离设备，实现沼液、沼渣的精细分离。

（二）沼液成分图谱构建及其安全性评价

针对不同的发酵原料或发酵工艺，分析沼液中碳/氮/磷/钾等常量元素、钙/镁/铁/锰等微量元素、氨基酸/腐殖酸/维生素等营养成分，对不同来源的发酵剩余物进行聚类分析和差异性分析，建立发酵剩余物营养成分谱图，评价其资源性；分析铜/铬/铅/镉等重金属元素、抗生素、大肠杆菌，对不同来源的发酵剩余物进行聚类分析和差异性分析，建立发酵剩余物有害成分谱图，评价其安全性。

（三）沼液浓缩调制生产液肥技术

根据不同原料的沼液成分，探讨不同浓缩方法对厌氧发酵液浓缩效果及肥力的影响，建立相应的沼液浓缩工艺和制液肥工艺，开发或改进沼液浓缩新设备，从而建立适合于不同原料特性、产物用途和发酵环境等要素的沼液浓缩调制生产液肥技术。

（四）沼液培养细菌生产单细胞蛋白和聚羟基丁酸酯

针对高氨氮沼液，筛选高产单细胞蛋白饲料的氢氧化细菌，研发氢氧化细菌利用沼液中有机碳源、氮源、营养元素的异养产单细胞蛋白技术，研究异-自养联合生产单细胞蛋白工艺；针对低氨氮沼液，筛选高产聚羟基丁酸酯饲料添加剂（益生元）的氢氧化细菌，研发氢氧化细菌利用沼液中有机碳源和营养元素异养产聚羟基丁酸酯技术，研究异-自养联合生产聚羟基丁酸酯工艺。

（五）沼液培养微藻固碳生产油脂

选育高产油脂和高效 CO_2 固定的藻类；研发高密度培养技术；针对沼液特点，研发异-自养混合培养技术。

第五节　畜禽粪污能源化工系统发展趋势及总体路线

一、发展趋势

随着人民生活水平的提高和饮食结构的巨大变化，畜禽产品在饮食结构中所占的比例逐渐增大，养殖业也得到迅猛发展，我国畜禽养殖业年平均增长 9.9%，规模养殖的迅速发展给环境带来了严重污染，据测，一个万头生猪养殖场日产粪污约 150 吨。国家环保总局 2002 年对规模化畜禽养殖污染情况的调查结果显示：我国年畜禽粪污量约为 19 亿吨，其中 COD 排放量已达到 7 118 万吨，畜禽粪污产量和 COD 排放量远超过工业废水和生活用水排放量之和。2010 年我国畜禽粪污量达到 45 亿吨，而到了 2017 年后，畜禽粪污量更是达到 50 亿吨之多。因此，粪污的排放对环境污染和人体健康影响较大，这已经引起人民群众的广泛关注。对粪污进行资源化和无害化处理，将其变废为宝已变得尤为重要，建设大中型畜禽粪污能源化工系统工程也是其发展趋势。畜禽粪污能源化工系统主要有以下三个方向：①将畜禽粪污脱水后发酵，加工制成生物有机肥；②将畜禽粪污进行厌氧发酵生产沼气，发酵后的沼液、沼渣再加工成有机肥或饲料；③畜禽粪污采用厌氧发酵生产氢气，发酵后的残液、残渣同样进行深加工做成有机肥或饲料等。

二、总体路线

规模化养殖或分散养殖户所产生的畜禽粪污可直接进行脱水、发酵，然后加工成系列生物有机肥，也可通过厌氧发酵技术进行沼气和氢气的制备，产生的生物质气体通过净化提纯后可用于发电、车载燃料、燃料电池等商业用途，发酵残余物经过再加工,可制成有机肥或饲料等,这样就可以实现畜禽粪污的全方位高值化利用,如图 4-39 所示。

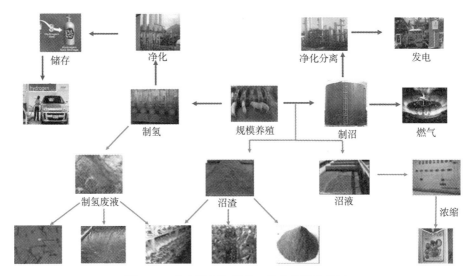

图 4-39　畜禽粪污能源化工技术总体路线图

第五章　多种废弃物协同处置
与多联产系统

第一节　发展多种废弃物协同处置和循环利用形势与需求

目前，我国每年产生的生活垃圾、市政污泥、畜禽粪污、农林废弃物、工业废渣（油）、建筑垃圾、电子垃圾等废弃物超过 100 亿吨，其中，生活垃圾约 4 亿吨、市政污泥约 0.5 亿吨、畜禽粪污约 45 亿吨、农林废弃物约 16 亿吨、工业废渣（油）约 32 亿吨、建筑垃圾约 5 亿吨、电子垃圾约 0.05 亿吨。这些废弃物若不妥善处理就会成为巨大的污染源，污染大气、水源和土壤，同时还会引发各种社会问题。例如，自 2008 年以来，全国各地发生的有关"生活垃圾处置的抗议"多达 300 余起。若我国将其中的有机废弃物进行"逆向生产"，通过一系列关键技术创新和集成，则可产生超过 10 亿吨标准煤、约 7 000 万吨的有机肥、约 1 900 亿立方米的沼气等多种产品。另外，我国还可将其余的纸、塑料和金属等固体废弃物回收，通过对资源循环再生利用，可节约大量资源和能源。例如，据估算，每回收 1 吨废钢铁可炼钢约 0.9 吨，比用矿石炼钢节约成本约 47%，能减少空气污染约 75%、降低水污染约 97%；又如，某企业每月可从废手机中提炼出约 20 千克黄金。由此可见，大量的废弃物是巨大的能源库和资源库，是有待进一步挖掘的宝库。

多种废弃物的协同处置和利用，关系环境保护和国家资源战略，构建多种废弃物协同处置和循环利用产业体系，是改善我国生态环境、扩大环境容量生态空间、提高生态文明水平的重要途径。它对于缓解资源环境压力、加快区域产业转型升级和社会经济协同发展、提升我国循环经济产业水平等，都具有重要的战略意义。

因此，我们必须以工业固体废弃物和再生资源利用为重点，以市场为导向，以现有的示范基地、产业园区和重点企业为依托，以科技创新为支撑，以机制政策为保障，促进多种废弃物由"低效、分散利用"向"高效、规模利用"转变，推进我国多种废弃物协同处置和循环利用向规模化、高值化、集约化发展。

若要构建多种废弃物协同处置和循环利用产业体系，我们必须以科技创新作为驱动力。我们要联合行业骨干企业、行业协会、重点高校、科研院所等机构，推进政、产、学、研有机融合协作，推进产业技术创新战略联盟建设，建设一批资源综合利用和精深加工利用技术科技创新平台。创新战略联盟和科技创新平台的建设，要以打造工业固体废弃物综合利用、再生资源精深加工产业技术创新链为着力点，加快推动支撑区域产业发展的技术创新，加强先进适用技术工艺装备的开发和推广，解决制约废弃物资源化利用的技术瓶颈问题，提高高端产品比例和产业竞争力。

第二节　国内外多种废弃物协同处置发展现状

混合厌氧发酵是在厌氧发酵过程中同时处理两种或多种有机废弃物的方法。近年来，随着沼气研究的深入和扩展，混合厌氧发酵研究受到全世界相关领域学者的广泛关注，并被应用在各种废弃物的处理过程中。例如，动物粪便与农作物秸秆的混合厌氧发酵被应用于农业和畜牧养殖业产生的废弃物处理过程中；城市污水污泥和市政有机固体垃圾的混合厌氧发酵被运用到城市垃圾的处理过程中。将在工业生产中产生的各种废弃物与动物粪便、污水、污泥进行混合厌氧发酵近年来也陆续被报道。研究者认为混合厌氧发酵可以结合发酵底物的优势，通过底物间的协同作用，调节 C/N、营养和水分，提高发酵效率。目前最常见的混合厌氧发酵以动物粪便和高 C/N 的植物秸秆或有机质垃圾混合厌氧发酵为主，既可以降低氨、脂肪酸、重金属抑制的风险，又能提高废弃物的降解效率和底物发酵效率。由于联合消化在消化物料中是一种良性互补，这样就能够提高固体垃圾厌氧发酵的产气量与产气率，而且工艺设备的共享也可以减少成本，提高经济效益。在城市生物垃圾厌氧发酵过程中，研究较多的是生物垃圾和污泥的联合消化。国外学者通过比较城市生物垃圾分别与污泥、牛粪、化学溶液的混合中试及对照实验认为，美国典型的有机可降解垃圾缺乏一些厌氧微生物所必需的一些宏量或微量元素，而添加废水污泥和奶牛场粪便可以较好地解决上述问题，尤其以生物垃圾和粪便、废水污泥的联合消化最为有效，不但可以大幅度提高产气量，而且能增加消化过程的稳定性。还有一些研究者利用城市生活垃圾、工业废弃物或农业废弃物互相进行联合消化，也取得了较好的效果。

秸秆作为农业废弃物中的主要组成部分，其中的碱金属含量较高，碱金属元素绝大多数处于束缚最弱的水溶形式或可离子交换形式，在热化学转化过程中处于非常活泼的易挥发状态，在流化床燃烧过程中，会引发炉膛结焦、床料黏结、尾部受热面大面积积灰及腐蚀等问题。因此，碱金属问题已成为秸秆流化床燃烧利用的一个主要障碍。其中最突出的问题是床料黏结导致流化失败的问题。随着黏结块的进一步形成与增加，会导致整个床层的流态化停滞，设备停止运转，造成严重的经济损失。如何解决秸秆类生物质流化床燃烧过程中由碱金属引发的黏结问题成为当前研究的焦点。解决稻秆流化床燃烧问题最常用的方法是使用添加剂（如高岭土）、与煤混烧，但是前者存在添加剂的使用成本问题，而后者中煤是一种不可再生资源，与煤混烧消耗了化石能源，带来了新的 CO_2 排放及污染问题。考虑到污泥的成分与性质，我们可以利用城市污水、污泥与秸秆混烧解决稻秆流化床燃烧过程中的黏结问题。

碱金属元素是生物质的重要组成部分，其存在形态和含量与生物质的种类和产地有关。一般而言，农业废弃物中碱金属含量明显高于林业废弃物。另外，生物质中含量高的碱金属元素为钾，钠的含量明显低于钾的含量，这一点与煤恰好相反。在生物质燃烧利用过程中，通过降低燃料中碱金属的含量，抑制燃烧过程中碱金属向低熔点化合物的转化；设法提高燃料中灰分的熔点，生成高熔点的化合物；探索新型床料，以及与其他燃料混烧成为解决流化床中黏结问题的主要途径。通过与其他燃料混烧，在缓解黏结问题的同时，可以实现能源与资源的综合利用，减少使用添加剂，具有较高应用价值。生物质与煤混烧是目前广泛采用的一种混烧方式。但是，生物质与煤混烧消耗了化石能源，带来了新的 CO_2 排放及污染问题。因此，降低生物质燃烧过程中对煤的消耗，提高废弃物的资源化利用率，同时解决燃烧中的黏结问题具有十分重要的经济、环境意义和应用价值。随着城市化进程加快，工业生产迅速发展，城市人口不断增加，城市生活污水排放量日益增多。据统计，2013 年末城市污水处理厂日处理能力达 12 246 万立方米，比 2012 年末增长 4.4%。在城市污水的处理过程中，会产生大量的污泥。污泥燃烧具有减量化、无害化、资源化等优点，已成为污泥资源化利用的主要方式。城市污水、污泥中的主要成分可以大致分为以下六类：①无毒的有机含碳化合物，大约占干燥基的 60%；②含有氮元素和磷元素的物质；③有毒的无机和有机污染物，如重金属元素（含量在 1~1 000 毫克/升）和多氯联苯（polychlorinated biphenyls）、多环芳烃（polycylic aromatic hydrocarbons）等；④病毒、致病菌等微生物；⑤无机物，如硅酸铝、铝酸盐、包含镁和钙的物质；⑥水分。城市污水、污泥中含有大量硅、铝和铁等，同时含有丰富的磷，在燃烧过程中可生成含有硅铝酸盐和磷酸盐等富集碱金属的产物，利用城市污水、污泥与秸秆类生物质在流化床混烧，在实现废弃物综合利用的同时，有望解决黏结问题。

塑木型材是当今世界上在许多国家逐步被推广应用的新型材料，它是用 PP（poly propylene，聚丙烯）、PE（polyethylene，聚乙烯）、PVC（polyvinyl chloride，聚氯乙烯）等树脂或回收的废旧塑料与锯木、秸秆、稻壳、玉米秆等废弃物，通过专用设备，应用科学的工艺配方进行配混造粒或直接用挤出成型工艺制成的各种型材。塑木型材具有密度高、强度高、清洁、美观，二次加工性好，可完全回收利用等优点，被广泛用于包装行业、仓储行业、城建用品、建材用品、室内装潢、汽车行业等诸多领域，如室内外各种铺板、栅栏、汽车内饰等，如图 5-1 所示。

图 5-1　塑木型材的应用

第三节　构建农村代谢共生产业园

以农村代谢的废弃物及废弃物资源化的产品为控制因素，设计和规划养殖、种植、人居规模耦合的区域，实现废弃物的近零排放与资源最大化利用，构建生产—生活—生态—生命（人）一体化协调发展的"四位一体"农村发展模式。图5-2为农村代谢共生产业园概念图。

农村在养殖、种植和生活过程中代谢出大量的废弃物，如畜禽粪污、秸秆、谷壳、枯枝落叶、生活垃圾等，传统的单一废弃物处置模式存在成本高、处置效率低、资源利用率低等一系列问题，通过对各种农村废弃物的协同处置，实现各类技术高度集约化，不仅可降低处置成本，同时还可增强各种废弃物在处置过程中的互补性，可生产出绿色热、电、饲料、肥料等系列高值化产品，其中热、电用于生产与生活，饲料用于养殖，肥料用于饲料作物、果蔬、能源作物的种植。通过区域内各种生产、生活过程中的代谢产物的共生，实现各类有机废弃物的能源化与资源化利用，大幅度提高现代农业的附加值，实现生态环境与农村经济两个系统的良性循环，达到经济、生态、社会三大效益的统一。

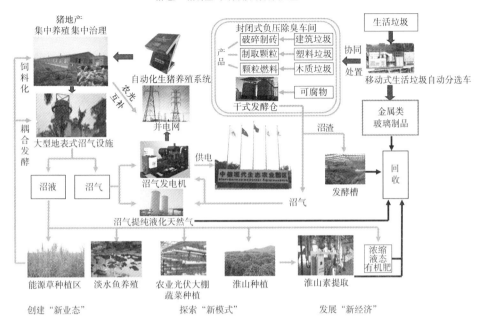

图 5-2 农村代谢共生产业园概念图

传统散户饲养模式存在的畜禽粪污收集难、处置难、养殖气味大、抗生素使用监管难、病死畜禽随意弃置等问题，造成严重的面源污染，导致大量的中小散户养殖被叫停。我国同时面临着环境污染、人民群众对肉类产品的需求压力及这两者之间的矛盾。如何有效解决两者之间的矛盾？"猪地产""猪物业"这一新兴模式为上述矛盾提供了有效解决的新途径。"猪地产"模式通过猪栏的租赁，可以将周边养殖户进行区域集中，解决散户养殖过程的畜禽粪污收集难、处置难而导致随意排放的问题；"猪物业"统一管理体制的建立，实现统一饲料调控、生物添加剂添加、疫病统一防治、自动化喂养等关键技术的应用，可以解决养殖气味大、抗生素使用监管难、病死畜禽随意弃置等问题，同时大幅度降低养殖成本，实现"猪地产""猪物业"与农民间的双赢；通过"猪地产""猪物业"的推广，集中了原本难以收集处置的畜禽粪污，并同时将其转化为沼气、有机肥等高值化产品，实现环境、生态、经济的共赢。

第四节 我国发展多种废弃物协同处置与多联产系统工程案例分析及技术预测

以农作物秸秆与畜禽粪污协同处置工程为例。我国是世界上农作物秸秆和畜禽粪污产出量最大的国家之一。农作物秸秆和畜禽粪污资源的开发利用，既涉及农业生产系统中的物质高效转化和能量高效循环问题，也涉及整个农业生态系统中的土壤肥力、水土保持、环境安全及可再生资源高效利用等可持续发展问题，同时还涉及农民生活系统的家居温暖和环境清洁问题，因此，发展多种废弃物协同处置与多联产系统技术逐步成为农业和农村社会经济可持续发展的必然要求。

我国是农业大国，每年可产生秸秆9亿多吨。近年来，随着农村生活能源结构的变化与集约化生产的发展，秸秆逐步从传统的农业原料变成一种无用的污染物，被排除在农业生产的内部循环之外，大部分秸秆成为种植户在田间地头的焚烧物，而且焚烧秸秆行为屡禁不止，这实际上是工业初步改造传统农业，但还没有改造彻底的结果。仅仅将秸秆焚烧问题作为"农业问题"，单纯依靠法律、法规来禁止，或者依靠简单的工业化技术来转化，都不能从根本上解决问题。我国也是畜牧业大国，在传统的散户养殖模式下，畜禽粪污产生较为分散，局部环境压力很小，几乎所有的畜禽粪污被作为肥料直接进行农田施用。随着经济的发展和生活水平的提高，传统的散户养殖逐渐被高效的规模化集约养殖模式替代，导致畜禽粪污大量集中产生，局部环境压力剧增。为快速有效地清除养殖场的畜禽粪便，我国当前的集约养殖场多采用水清粪（即用水冲洗的办法清除养殖场的粪便）的方式，导致大量畜禽粪污进入水体，并随水体的流动进入江河湖泊甚至进入地下水体，造成严重的环境污染。

据统计，我国每年产生各类农作物秸秆约9亿吨，产生畜禽粪便量约45亿吨。目前农作物秸秆约60%未被有效开发利用，大都被随处堆放、丢弃或被就地焚烧，严重污染环境；大量畜禽粪污不经任何处置便被直接排放或露天存放，严重破坏农村和城镇居民的生活环境。随着种植业、养殖业的不断发展，以及农业生产水平和农民生活水平的提高，对原来主要用做燃料和肥料的农作物秸秆和畜禽粪污的利用越来越少，农作物秸秆量和畜禽粪污的产出量却越来越多，逐渐由"资源"变为"污染源"。因此，农作物秸秆和畜禽粪污的开发利用，对于消除环境污染、改善农村生态环境、促进农业的可持续发展具有现实和深远的意义。

随着全球工业和农业的迅速发展，城市垃圾和农村废弃物的逐年增加推动着混合厌氧发酵技术的迅速发展。混合厌氧发酵技术也越来越明显地展现出发酵效率高、产气稳定、发酵底物多元化的优势，能够带来明显的生态效应和经济价值。

研究发现，秸秆的成分及质地会影响到产气率。秸秆由半纤维素、纤维素和木质素等组成，质地非常轻，很难进行分解，并且秸秆中还没有充足的氮、磷等成分，使微生物难以利用其进行发酵。应用物理法、生物法及化学法处理秸秆一直是众多专家、学者研究的内容，并且现阶段已经取得相应效果。可是其中却存在着很多问题急需解决：较高的处理费用；化学处理的二次污染；生物处理的规模。因此，未来我们必须要找到一个科学的秸秆处置方法，以提高产气率。

　　在应用秸秆制沼气的过程中，秸秆发酵反应应该由接种物引发，现在众多研究也一直应用传统接种物来引发秸秆发酵反应。下述几方面原因导致传统接种物引发效率低，且代价非常高：传统接种物有着不同的来源，含有的微生物数量及类型存在着非常大的差异，很难与秸秆原料特点相适应，因此，不同接种物会对发酵的启动和运行造成极大影响；传统接种物没有较高的效率，在引起反应时需要众多接种物，这不但加大了进料强度，还增加了成本；由于众多因素的影响，在获取接种物方面也存在着很多困难，阻碍反应器的开启。因此，需要研发出一些高效的接种物来提高协同处置的产气率。

　　发酵原料的浓度与水动力的控制要比温度控制容易得多。通常60℃以内，升温会加快微生物代谢速度，反应器的发酵产气效率也非常高。可是，在实际操作中，不但要考虑发酵产气效率，还要考虑操作管理与经济性等，尤其是从产能与节能这两个方面分析，沼气的发酵需要根据净产能进行设计。因此，从理论上讲，最适合发酵的温度与工程最佳温度不相同。工程最佳温度应该通过综合比较之后才可以被确定。同时，混合厌氧发酵还会受到温度变化的影响，如果发酵温度突然改变3℃，那么发酵过程就会发生改变。控制发酵温度及促使反应保持恒温，是未来协同处置的技术发展方向。

第六章　特色农林废弃物功能材料系统

第一节　特色农林废弃物资源分析

　　特色农林废弃物是废弃物的重要组成部分，是一种重要的生物质资源，是重要的可再生资源，农林废弃物能源转化利用是可再生能源领域的研究热点之一。特色农林废弃物主要包括植物有色壳类（板栗壳、椰壳）、植物根类（葛根）、甲壳类（虾头）等。我国是农业大国，农林产品资源丰富且种类繁多。由于目前依旧以传统农业模式为主，在生产和加工过程中会产生大量的废弃物。这类废弃物具有可再生、易生物降解、环境友好等诸多优点，若能对其进行开发再利用，就既能保护环境，又能提高农林产业的附加效益。近年来，新型、高效、低成本吸附剂的制备受到诸多方面重视。其中，利用分子筛、纳米材料、生物吸附材料、黏土矿物、多孔性结构的特色农林废弃物作为吸附剂是近年来研究最多的领域。因此，将农林废弃物等生物质材料再处理后用于环境污染物的处理已然成为环境工程新材料的研发方向之一。

第二节　特色农林废弃物功能材料系统关键技术发展与分析

一、板栗壳资源化利用

　　板栗属于带果类植物，又称毛栗、大栗、栗子、风栗、瑰栗，分布在北半球亚热带和温带地区，是世界上重要的干果，也是我国的特产之一。板栗具有果实香甜可口、保健、营养价值高等特点，被人们称为"干果之王"和"人参果"。目前，我国是板栗第一大生产国，我国的板栗种类约占世界板栗种类的1/3，板栗种植分布于我国的26个省区市。2009年联合国粮食及农业组织（Food and Agriculture Organization of the United Nations）对世界板栗做了一项统计，截至2009年底，我国板栗总产量占世界板栗总产值的77%，达到109万吨，栽培面积约为20万公顷。

近年来，随着我国板栗种植量、产量及加工量的快速增长，副产物板栗壳也在不断增加，我国大部分板栗壳被作为农林废弃物倾倒、焚烧，这既浪费了资源，又对环境产生了污染。目前，人们对板栗壳资源的再开发利用也变得越来越多。

板栗壳包括种皮、果皮两部分，主要成分包括纤维素、木质素、苯醇抽出物及多戊糖，它们共占果壳总质量的98%。板栗壳还含有色素酚类、黄酮（或其苷类）、内酯、有机酸、植物甾醇、香豆素（或其苷类）等成分。此外，板栗壳还含有多种微量元素，如铁、镁、锰、钙、铜和锌等。板栗壳的化学成分为其应用研究及资源化利用提供了一定的理论基础。随着对板栗壳研究的深入，板栗壳的应用范围也在逐步拓宽。目前，研究的方向主要有色素研究、医药研究、印染工业研究、食品工业研究、食用菌工业研究、热解制活性炭的研究及吸附性能的初步研究。

（一）板栗壳色素研究

板栗壳中的色素是一种棕色天然色素，即黄酮类色素或者含酚羟基类色素，其特点是易溶于碱性和极性大的溶剂，不溶于非极性溶剂。在有氧化剂、光照、柠檬酸、防腐剂、还原剂、常用食品添加剂、蔗糖、不同温度、葡萄糖等情况下，板栗壳色素的稳定性很好，在酸性条件下，其色素的颜色变浅，在碱性条件下，其色素的颜色变深，但幅度较小，趋于稳定，酸碱值对色素的影响不大。Pb^{2+}、Fe^{3+}、Cu^{2+}和色素反应会形成沉淀，从而导致褪色，Zn^{2+}、Ca^{2+}、K^+、Na^+、Ba^{2+}、Mg^{2+}对色素颜色的影响不明显。有学者利用板栗壳色素来清除氧自由基，板栗壳色素对超氧阴离子自由基及羟基自由基的清除效果较强，但对脂质过氧化产生的自由基有抑制作用。实验结果表明，板栗壳色素是很好的自由基清除剂及天然抗氧化剂。

（二）在医药方面的研究

板栗壳外果皮药性甘、涩、平，能治疗反胃、便血等症状，板栗壳作为中药使用已经有很多年历史，由于其能强筋补肾、健脾益气、散淤解毒，常被人们用于治疗咳嗽痰多、肿毒、腮腺炎、淋巴结炎、百日咳、丹毒及慢性支气管炎等。有学者对板栗壳的药性做了以下相关研究：板栗壳浸膏的抗菌、抗炎作用和对胃肠平滑肌运动的影响的研究，板栗壳乙醇水溶液提取物分别对两种酵母菌、细菌及霉菌的抑制作用的研究，并鉴定了有效成分。同时，板栗壳提取物也有抗自由基及抗菌作用，这对于中药、西药及其相关药物的研发和应用具有重要的价值和意义。

（三）在印染工业中的研究

将染料植物用于印染行业，可以生产出有颜色的织物，板栗壳色素作为一种天然染料，有很好的市场需求，并深受广大消费者的喜爱。

有学者利用硫酸铜、硫酸铝钾、壳聚糖及硫酸亚铁为媒染剂，用板栗壳色素对真丝织物染色，结果表明，直接染色的色差总值、染色力度值及染色牢度不及试样，并且媒染效果最好的为硫酸亚铁。有学者还利用板栗壳染料对羊毛针织物进行染色，并用正交实验分析其染色性能，确定了最佳优化工艺，即媒染剂用量占 4%，提取液用量为 40 毫升，温度为 95℃，pH 为 5，结果证实，板栗壳染料对于预媒染色法染羊毛针织物有很好的效果。有学者还利用板栗壳染料媒染纯棉针织物，结果表明，染料直接性、各项牢度可达到三级。

板栗壳富含一定的棕色素，从中提取天然染料既可以进行板栗壳的综合利用，又能加快天然染料的开发，对纺织品附加值的提高有一定的促进作用。

（四）在食品工业中的研究

板栗壳在食品工业的应用主要由于其含有优良的棕色素，棕色素是一种很好的食品着色剂，一般植物较难得到棕色素，而板栗壳棕色素具有性质稳定、易于获取等特点，是世界上为数不多的天然色素之一。有学者利用板栗壳色素既解决了传统化学染料的污染问题，同时具有高稳定性。除此之外，板栗壳棕色素对蛋白质及淀粉的染色性好，能和其他饮品添加剂及原料混用，对产品质量无副作用。

（五）在食用菌工业中的研究

食用菌作为大众喜爱的健康食品，具有很高的药用价值及食用价值，其味道鲜美，营养丰富，可以转化和分解有机物成为优质的蛋白质，以供人们食用，食用菌在副产品中起着重要的作用。有学者研究了板栗壳对香菇、茶树菇及灰树花产量的影响，通过对基本培养基和有板栗壳浸出液或板栗壳培养基的培养，得到结果：板栗壳质量浓度为 50 克/升时可以增加食用菌产量，且基本培养基培养的菌丝少于有板栗壳浸出液或板栗壳培养基培养的菌丝，这也进一步说明板栗壳可以加快食用菌培养。同样，板栗壳浸出液可以加快双孢菇菌丝在平板培养中的生长。利用板栗壳作为基质培养香菇，可以有效提高香菇的栽培效果及经济效益。

（六）热解制活性炭的研究

由于热解可以获取炭及气、液态产物，板栗壳在热化学转换中受到越来越广泛的关注。近年来，通过研究纤维素、木聚糖、木质素及其混合物的热解，发现木质素炭产量大于木聚糖和纤维素的炭产量，木质素作为板栗壳中的重要成分，为板栗壳制备炭产品提供了很好的原材料。有学者利用板栗壳制备活性炭，研究了粒度对活性炭比表面积的影响、不同温度的炭化效果和活化条件对产品性能的影响，得到了相应的结果。板栗壳制备的生物炭在燃烧时无烟、无味，产品密度大，且生物炭含量符合国家一级阔叶木炭标准。

（七）板栗壳的吸附性能研究

1. 国外研究现状

目前，发达国家除了研究如何把农林废弃物转化为无害化资源等产品外，还将其列入国家可持续发展的战略，另外也对农林废弃物，如甘蔗渣、橘子皮、木材、树叶、椰壳、泥炭藓、仁壳等的吸附特性进行过一系列的研究，并取得了一定的成果，对板栗壳吸附重金属离子也有一定的研究。有学者利用板栗壳吸附土壤淋洗液的重金属离子，并进行回收，结果表明，在一定条件下，板栗壳内皮对 Pb^{2+}、Cd^{2+} 及 Cu^{2+} 的吸附率达到 80% 以上，可以作为一种环境友好型的吸附剂，具有广泛的应用前景。有学者研究了板栗壳对 Cr^{6+} 的吸附性能，分析了不同参数，如温度、吸附时间及初始浓度对吸附性能的影响。

国外学者也对各自国家生产的板栗壳的吸附动力学、吸附热力学、等温线类型、吸附机理等进行了研究。但是，由于国外板栗种植分布不均、产量不足等，对板栗壳吸附重金属离子的研究较少。

2. 国内研究现状

利用农林废弃物吸附重金属是环境工程领域研究的热点问题。近年来，国内学者利用核桃壳、杏仁壳、稻米壳、稻秆、橘子皮、花生壳对废水中重金属的吸附进行了一定的研究，对板栗壳吸附重金属离子也进行了初步研究。有学者利用板栗壳内皮对水溶液中的 Cd^{2+} 进行吸附，结果表明，pH 为 3~6 时，达到吸附平衡所用时间为 15 分钟，最大吸附容量为 14.706 毫克/克，且去除率高。初始浓度为 250 毫克/升，板栗壳内皮投加量为 10 克/升时，去除率可达 95%。还有学者利用板栗壳吸附废水中的 Cu^{2+}，其中板栗壳粒径为 40 目，Cu^{2+} 浓度为 50 毫克/升，结果表明，在 pH 为 5、吸附剂用量为 0.5 克的条件下，以 120 转/分钟的振荡速度振荡 4 天，处理效率可达 93.04%，吸附量达 12.42 毫克/克。还有学者研究板栗壳内皮对酸性废水中 Zn^{2+}、Pb^{2+}、Cd^{2+} 和 Cu^{2+} 等 4 种不同重金属离子的吸附率，结果表明，板栗壳内皮的投加量为 30 克/升，反应时间为 1 小时时，对 4 种重金属离子的吸附率最大，分别为 98.9%、99.6%、98.9% 和 98.7%。其动力学实验结果表明，在 60 分钟内吸附反应可以达到平衡，热力学实验结果表明，板栗壳内皮对 Zn^{2+}、Pb^{2+}、Cd^{2+} 和 Cu^{2+} 等重金属离子吸附量分别为 27.3 毫克/克、90.8 毫克/克、

3.2 毫克/克和 54.2 毫克/克。有学者对板栗壳吸附 Cr^{6+} 的工艺条件进行研究，结果表明，pH 在 2~3 时为合适的吸附质溶液，pH 为 2 时的去除率可达到 99.7%，在 15~35℃的条件下，去除率随着温度的升高而增大，当温度为 30℃时去除率可达到 99%，Cr^{6+} 初始浓度范围较宽时，实验有明显的去除作用。有学者利用板栗壳制备活性炭并对 Cr^{6+} 进行吸附研究，结果表明，制得的活性炭最佳温度条件为 500℃，活化时间为 100 分钟，在 pH 为 2~3 的最佳范围内，常温下，当模拟废水中的 Cr^{6+} 为 20 毫克/升时，加入活性炭，以 130 转/分钟的振荡速度振荡 60 分钟，吸附效率可达 98%以上，而且吸附后剩余污染物浓度较最高允许排放浓度小，分别用 1 摩尔/升的 HCl 溶液和 NaCl 溶液对板栗壳活性炭进行再生，结果表明，HCl 溶液的再生效果好于 NaCl 溶液，再生后板栗壳活性炭对 Cr^{6+} 的吸附率较高。

国内板栗产量大，近几年来对板栗壳吸附重金属离子的研究也有所增长，国内学者对板栗壳的吸附特性研究基本处于对单一重金属离子的吸附研究方面。由于含重金属离子的废水包括多种金属离子，为加快其应用化，多离子共存的综合吸附效果研究还需进一步探讨。

二、葛根素的资源化利用

葛是一种天然的药食两用植物，葛根、葛藤等都具有一定的利用价值，其中尤以葛根的利用价值最为全面，有着"南方人参""南葛北参"的称誉。葛根在我国作为食物食用的历史悠久，而作为药物应用的渊源也很长。葛根中含有丰富的营养物质，研究表明，鲜葛根中蛋白质含量为 2.1%，脂肪含量为 0.1%，碳水化合物含量为 27.8%，纤维素含量为 0.7%，灰分含量为 1.4%。葛根中黄酮类物质含量亦较高，随产地种属不同，黄酮含量在 0.5%~7.6%。葛根中含有丰富的矿物质元素，对人体有较好的营养价值，其中钙和钾元素的含量最高。

葛根具有良好的药用保健价值，除直接食用外，也被用于开发其他产品，葛根产品的种类也较丰富。目前对葛根的开发主要集中在以下几个方面：① 葛根淀粉作为葛根中含量最高的营养素，因其量大，生产工艺简便，成为葛根加工的重要部分。此外葛根淀粉除可直接食用外，还可进一步用做食品配料，用于糕点、冷饮等的加工生产中。②葛根保健饮料，如葛根茶等。有学者以葛根、金银花、茉莉花等为原料，制备出一种含葛根的复合保健饮料；也有学者以葛根为主要原料，浸提出其中的活性成分后，配以其他辅料（如低聚糖等）制备出适合中老年人饮用的保健饮料。③其他产品，如葛根挂面、葛根醋、葛根果冻等。

葛根素的分离纯化方法较多，应用较多的主要包括萃取法、系统溶剂分离法、柱层析法、盐析法、沉淀法、分子印迹技术等，尤以柱层析法最为普遍。大孔树脂分离纯化葛根素的方法，具有产量大、生产成本低廉、操作简便等特点，可满足工业生产需求，因而更为符合本书研究的目的。膜分离技术为近年来新兴的一种分离技术，具有处理量大的独特优势，因而也被应用于植物活性成分提取及天然药物分离。

三、虾头、虾壳资源化利用

我国虾类资源极为丰富，在虾仁加工过程中，虾头、虾壳因富含几丁质、口感坚硬而成为加工废弃物，仅有少量被用于制备几丁质、提取氨基酸、萃取虾青素（astaxanthin）、萃取甲壳素制备聚多糖等。虾头、虾壳中几丁质含量为10%~20%，蛋白质含量为20%~40%，其余为矿物质元素等，其中含量最丰富的是钙，含量可达30%~40%，磷次之，色素含量为4%~5%。采用氨基酸自动分析仪法对供试的虾头、虾壳蛋白质、牛奶蛋白粉和酪蛋白的氨基酸组成进行分析，以全鸡蛋蛋白质为标准参考蛋白，对供试蛋白质的必需氨基酸和平均化学评分计算结果表明，在虾头、虾壳蛋白质中，必需氨基酸占45.33%，与牛奶蛋白粉的46.59%和酪蛋白的46.14%基本接近。虾头、虾壳资源被广泛应用于饲料中，以及用于提取虾青素、甲壳素等。

（一）虾青素研究进展

虾、蟹经过加热烹调，其外壳逐渐呈现鲜红色，这种红色的主要成分是虾青素，虾青素广泛存在于生物界中，它在20世纪30年代即被从虾、蟹壳中分离出来，但直到20世纪80年代中期其生物学功能才被广泛研究。虾青素化学名称为3,3′-二羟基4,4′二酮基-β,β′-胡萝卜素，是一种非维生素A的类胡萝卜素，在动物体内不能转变为维生素A。虾青素的色泽为粉红色，具有极强的抗氧化作用、水不溶性和亲脂性，易溶于氯仿、丙酮、苯、二硫化碳，氧化后即虾红素。目前获得的虾青素主要是从水产品加工工业的废弃物中提取的，由培养的藻类生产和某些酵母菌生产。

从虾壳中提取虾青素，一般用溶剂萃取法，常用溶剂为豆油。为了增加游离虾青素的含量，提高萃取效果，可在萃取前将虾壳酸化蒸煮或以蛋白酶水解，具体工艺流程如图6-1所示。

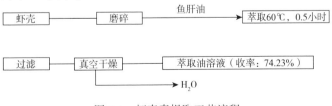

图6-1 虾青素提取工艺流程

（二）蛋白质（氨基酸）的提取利用

蛋白质在虾壳中含量十分丰富，一般采用稀的 NaOH 水溶液提取，然后调整 pH 使蛋白质沉淀，或用喷雾干燥法回收蛋白质。经研究表明，虾壳中蛋白质的氨基酸成分比较平衡，其主要氨基酸为天门冬氨酸及谷氨酸。具体工艺流程如图 6-2 所示。

图 6-2　蛋白质（氨基酸）提取具体工艺流程

（三）甲壳素的提取及壳聚糖的制备

研究表明，虾壳中含有 20% 的甲壳素。近年来，国内外对甲壳素及其衍生物壳聚糖的研究十分重视。因为甲壳素无毒、无味、无副作用，具有很好的防病效果，所以甲壳素在医药、造纸、印染、植物生长素、日用化学品、食品工业、水果保鲜、纺织工业、环境保护等领域的应用发展很快，有些已进入实用阶段，并取得了良好的效益。壳聚糖化学名称为聚-2-氨基-2-脱氧-β,D-1,4-葡萄糖，是由甲壳素脱乙酰基得到的重要衍生物，其分子结构内含有游离氨，具有相当优良的物化性质及生理功能。壳聚糖是一种高附加值的高科技精细化工用品，国内外工业级壳聚糖价格相当昂贵，其产品在全球范围内供不应求。壳聚糖生产工艺流程如图 6-3 所示。

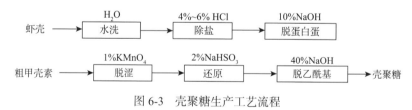

图 6-3　壳聚糖生产工艺流程

（四）虾壳红色素的提取应用

虾壳中含有 4%~5% 的色素，其红色素色泽鲜艳，对温度、时间都有很好的稳定性，纯天然、无毒，是食品添加剂中最好的原料，虾壳红色素在抗氧化和抗肿瘤增殖方面具有明显的生物学功能，其提取工艺流程如图 6-4 所示。

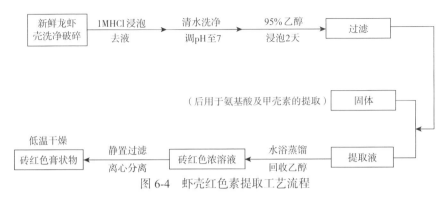

图 6-4　虾壳红色素提取工艺流程

综上所述，虾头、虾壳是一种廉价的可再生资源，从虾头、虾壳中提取的虾青素、蛋白质（氨基酸）、甲壳素（壳聚糖）、红色素等都有较大的经济价值。无论是虾青素、红色素、蛋白质（氨基酸）还是甲壳素（壳聚糖），它们的分离、提取工艺都不是很复杂。实际上在一条生产线上也可以完成对它们的分离，达到对虾头、虾壳的综合利用，使虾头、虾壳变废为宝，为社会创造良好的经济效益。

第三节　特色农林废弃物功能材料系统中的应用典型案例分析

一、板栗苞制备活性炭及性能研究

活性炭独特的孔隙结构使得它具有很高的比表面积、很好的化学稳定性，以及耐酸、耐碱、耐热等性能，对气体、溶液中的有机或无机物质及胶体颗粒具有很强的吸附和脱色能力。随着化工、医药、食品、环保等领域对活性炭需求量的增大，围绕利用价廉易得原料、简化制备工艺、控制活性炭孔径、提高活性炭物理性能、扩大应用范围、降低生产成本的研究一直深受关注。以板栗苞为原料，用氯化锌活化法制备活性炭，不仅极大地丰富了活性炭的取材资源，还充分利用了农副产品的下脚料，解决了环境污染问题，促进了农村经济发展。用氯化锌活化法制备活性炭的工艺流程如图 6-5 所示。

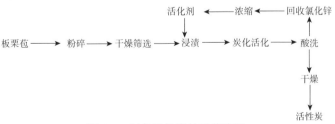

图 6-5　制备活性炭的工艺流程

（一）活化时间、活化温度、液固比对活性炭吸附与脱色性能及得率的影响

1. 活化时间对活性炭吸附与脱色性能及得率的影响

在活化温度为 500℃、活化剂质量分数为 40%、液固比为 1.5 的条件下，活化时间对活性炭性能的影响见图 6-6。由图 6-6 可知，碘吸附值在 30~45 分钟活化时间内增加较快，当活化时间超过 45 分钟时，碘吸附值变化趋于平缓；亚甲基蓝脱色力在活化时间为 45 分钟时基本达到饱和，延长活化时间，其值基本不变化，这主要是受原料本身含碳量的限制。由图 6-6 可以得到活化时间和得率的关系。活化时间为 45 分钟时，由板栗苞制备活性炭的得率为 33.24%。活性炭的得率随着活化时间的增加而逐渐降低，这主要是由炭在活化过程中的损失造成的。综合考虑，活化时间为 45 分钟时活性炭吸附和脱色性能较佳。

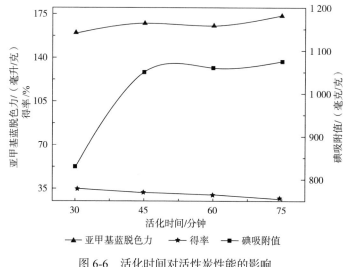

图 6-6　活化时间对活性炭性能的影响

2. 活化温度对活性炭吸附与脱色性能及得率的影响

不同的活化温度，得到的活性炭性能也不同。活化温度对活性炭性能的影响见图 6-7。当活化时间为 45 分钟、活化剂质量分数为 40%、液固比为 1.5 时，制得的活性炭的碘吸附值和亚甲基蓝脱色力在活化温度为 450~550℃时增加较多。在 550℃时，活性炭的碘吸附值和亚甲基蓝脱色力分别达到最大值 1 047.2 毫克/克、170 毫升/克，再升高活化温度，碘吸附值和亚甲基蓝脱色力反而下降，这是因为高温条件下，作为活化剂的氯化锌蒸气压高，活化剂损失严重，使其固碳能力下降；在 450~600℃的活化温度，活性炭得率随活化温度的升高而缓慢下降，变化不大，这主要是温度升高，碳的烧失率增大所致。综合考虑，活化温度为 550℃时，活性炭吸附与脱色性能及得率都很理想。

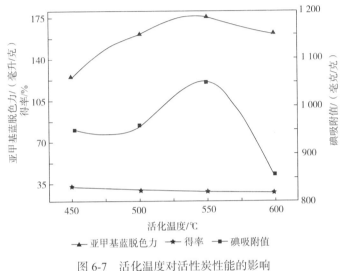

图 6-7　活化温度对活性炭性能的影响

3. 液固比对活性炭吸附与脱色性能及得率的影响

氯化锌可以促进芳香烃缩合反应，使一部分分子变稳定从而减少挥发性组分和焦油的形成。当液固比较小时，所得的活性炭的微孔比较发达；液固比较大时，中孔和大孔比较发达。液固比的增大意味着得到的活性炭将具有较大的比孔容积，因而吸附效果随之增加。随着液固比的增加，活性炭的得率有所增加。由图 6-8 可知，在活化时间为 45 分钟、活化温度为 550℃、活化剂质量分数为 40%的条件下，液固比对活性炭碘吸附值的影响较大，但对亚甲基蓝脱色力影响不大。当液固比达到 1.5 时，碘吸附值最大。液固比为 0.5~2.0 时，活性炭的得率基本不变。因此，综合考虑，合适的液固比应在 1.5 附近。

（二）活化剂质量分数对活性炭吸附与脱色性能及得率的影响

在活化时间为 45 分钟、活化温度为 550℃、液固比为 1.5 的条件下，活化剂质量分数对活性炭性能的影响见图 6-9。

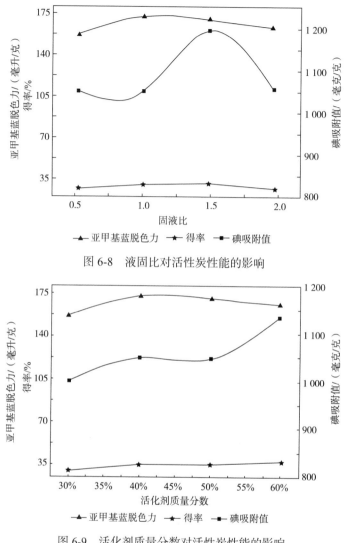

图 6-8　液固比对活性炭性能的影响

图 6-9　活化剂质量分数对活性炭性能的影响

活化效果随着活化剂质量分数的升高而增大。在活化剂质量分数为 40% 时，活性炭的性能最好，碘吸附值为 1 047.2 毫克/克，亚甲基蓝脱色力为 170 毫升/克。继续增加活化剂质量分数，活性炭脱色性能下降，说明活化剂质量分数过高，活化剂不容易洗涤干净，影响活性炭的性能。活化剂质量分数的增加，有利于有机碳活化成活性炭，可以减少酚类等物质的形成，使产品得率增加。当质量分数大于 40% 时，可能所有有机碳全被活化，即使再增加质量分数，得率也不再增加。因此，最佳活化剂质量分数为 40%。

（三）活性炭的表面结构与形貌分析

图 6-10 是在活化时间为 45 分钟、活化温度为 550℃、液固比为 1.5、活化剂质量分数为 40%的条件下制备的活性炭的孔径和总孔体积分布。制得的活性炭 BET（Brunauer-Emmett-Teller，希朗诺尔、埃米特和泰勒）测试结果显示，产品的比表面积和总孔体积都较大，这主要归结为氯化锌的活化效果。在氯化锌浸渍板栗苞过程中，氯化锌溶液浸透板栗苞，部分氯化锌溶液水解生成氢氧化锌沉淀。在接下来的高温活化过程中氢氧化锌分解，然后酸洗又生成氯化锌溶液，这就促成活性炭内部大量孔隙的形成，从而获得比表面积和总孔体积都较大的产品。原料板栗苞中碳含量为 46.44%，在上述工艺条件下活性炭得率为 33.24%，可见碳的烧失率较低，这就是制备过程中炭化和活化同步进行的优点。炭化和活化同步进行可以保证煅烧时隔绝氧气，避免碳因被氧化而损失。此外，炭化和活化同步进行还可缩短工艺步骤和时间，减少资源浪费。所测活性炭比表面积大而微孔体积小。微孔体积的减少表明微孔向中孔和大孔发生了转变，这是孔的宽化和孔壁的烧失所致。

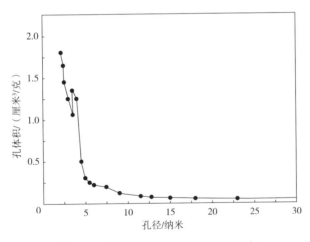

图 6-10 活性炭的孔径和总孔体积分布

（四）活性炭的表面形貌分析

图 6-11 是在活化时间为 45 分钟、活化温度为 550℃、液固比为 1.5、活化剂质量分数为 40%的条件下制备的活性炭的 SEM（scanning electron microscope，扫描电子显微镜）照片。SEM 照片显示活性炭具有多层结构，这些结构主要是由不同孔径的孔组成的。这些不同孔径的孔的大小决定了活性炭的碘吸附值和亚甲基蓝脱色力的大小，其中微孔和中孔主要吸附分子量相对较小的碘，而大孔则主要

吸附分子量相对较大的亚甲基蓝,结合所得活性炭的碘吸附值和亚甲基蓝脱色力,可知所得产品孔径分布广。

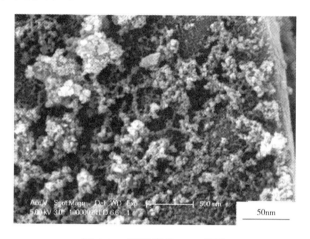

图 6-11　活性炭的 SEM 照片

综上所述,以板栗苞为原料,用氯化锌为活化剂制备活性炭的方法是可行的,这不仅解决了板栗苞的处置问题,又可以有效利用资源。在活化时间为 45 分钟、活化温度为 550℃、液固比为 1.5、活化剂质量分数为 40%的操作参数条件下,所制备的活性炭吸附及脱色性能俱佳,且生产周期短,消耗能源少。

二、葛根深加工技术

葛根有效成分的提取、分离精制方法和分析检测方法的研究,对合理充分利用葛根资源,有目的地开发疗效不同和功能各异的保健药品和保健食品,具有重要的现实意义。

(一)葛粉及黄酮提取分离路线

产品深加工路线如图 6-12 所示。

预糊化保健葛粉[①]:

葛粉—配料—调浆—预糊化化—粉碎—配料—混合—包装葛根素(95%)—葛根素粗品—混合溶剂 I 溶解—结晶—混合溶剂 II 溶解—重结晶—洗涤—干燥。

---

① 王琦,王弘. 即食营养葛根粉的生产工艺研究[J]. 昆明医学院学报,1999,20(3):104,106.

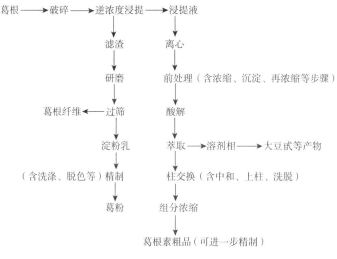

图 6-12 产品深加工路线

（二）技术创新及工艺先进性

葛根粉及黄酮提取分离工艺采用水提法提取葛根黄酮，同时提取葛根淀粉。由于该工艺采用逆浓度梯度提取技术和设备，用水量大大降低，仅为常规水提法的 1/3~1/2，克服了水提法处理量大、成本居高不下的缺点，是实现联产的技术基础。在葛粉生产过程中，采用多效浓缩设备，降低浓缩提取液的能耗，节省了处理时间。采用粗黄酮酸解工艺，有效地提高了葛根素提取率，在柱交换工序前就实现了大豆甙元与葛根素的有效分离，降低了树脂的处理负荷，有效提高了树脂的分离能力。采用混合溶剂对葛根素粗品进行重结晶工艺，改变混合溶剂的配比，有效地提高了产品的纯度。采用滚筒式预糊化设备，精简了常规预糊化过程。经工业化试验，预糊化产品质量稳定，速溶性能好。采用二次配方技术，减少了营养成分因加工而造成的损失。

第七章 能源植物选育与种植系统

第一节 发展能源植物的形势与需求

作为未来生物质能原料的主要生产者，能源植物的开发利用为生物质能的发展提供了高产、优质、低成本、可持续性供应的新型原料；作为饲料，能源植物还能够增加农民收入、改善局部生态环境条件；作为可再生资源，能源植物的开发利用对缓解生态环境压力，改善能源结构，解决"三农"问题，促进社会、经济和环境的可持续发展发挥着重要作用。

一、生态文明建设需求

2015 年 4 月 25 日发布的《中共中央 国务院关于加快推进生态文明建设的意见》指出，要大力推进绿色发展、循环发展、低碳发展，到 2020 年单位国内生产总值 CO_2 排放强度比 2005 年下降 40%~45%，非化石能源占一次能源消费比重达到 15%左右，开展能源节约、资源循环利用、新能源开发、污染治理、生态修复等领域关键技术攻关，在基础研究和前沿技术研发方面取得突破。

以煤为主的能源消费结构和粗放型的增长方式已对我国生态环境造成极大威胁。大量水资源被消耗或污染，煤矸石堆积大量占用和污染土地，酸雨影响面积达 120 万平方千米，主要污染物排放总量居世界前列，CO_2 排放量位居世界第一。由此造成的环境问题已经不容小觑。

能源植物作为一种新型清洁能源，一方面可以防止生态环境的进一步恶化，另一方面我们可利用其建设生物能源基地，充分发挥能源植物的优势，促进经济、社会、环境的协调发展。发展能源植物，可有效降低空气中的 CO_2 浓度，对缓解全球变暖有着重要意义。在边际土地上种植抗逆植物，对防治土地沙漠化和可持续地开发利用边际土地具有重要意义，对可持续发展、保护环境有着重要的贡献。

目前，我国现有可开发的边际土地面积近 $8.254×10^7$ 公顷，包括荒草地、盐碱地、沼泽地、裸土地、苇地、滩涂和其他未利用地，都属于生态脆弱带，暂时不宜被开垦为农田，但可种植适应性强、抗逆性强的高效能源作物。根据国家发展和改革委员会能源研究所预测，2020 年我国石油需求量将达到 4.5×10^8~6.1×10^8 吨，年均递增率 12%，而 2020 年我国石油产量约 1.8×10^8 吨，进口石油量将达 2.7×10^8~4.3×10^8 吨。我国可以直接被利用的荒山、荒坡、盐碱地等边际土地面积约 2.6×10^6 公顷，如果将这些荒地全部用于种植能源植物，可满足年产量 9.1×10^6 吨生物液体燃料的生产需求。有关报道指出，目前未被利用的荒草地是我国最重要的保留土地资源之一，如果把其中 3.6×10^6 公顷荒草地用于种植生物乙醇能源植物，每年生物乙醇产量将达 1.1×10^7 吨，可替代目前我国汽油消费的 23%。2005 年 2 月 28 日，第十届全国人民代表大会常务委员会第十四次会议审议并通过的《中华人民共和国可再生能源法》，鼓励有条件的地方利用荒山、荒地等资源发展生物质原料作物种植。发展能源植物，有助于提高我国边际土地的利用率。

利用能源植物修复重金属污染具有成本低、环境友好等特点，且可大规模原位修复，有良好的经济和生态等综合效益，将土壤修复与生物能源生产有机结合，可以将重金属从粮食链转入能源链，有效保障食品安全，实现绿色、生态、环保、可持续发展。2014 年 4 月 17 日，环境保护部和国土资源部联合发布的《全国土壤污染状况调查公报》显示，在所有调查的点位中，有 16.1% 的点位土壤遭受了不同程度的污染，而以镉、汞、砷、铜、铅、铬、锌、镍为代表的无机污染类型占全部超标点位的 82.8%。这说明重金属污染耕地修复综合治理工作已经迫在眉睫。发展能源植物有助于重金属污染土壤的修复，兼具能源价值、经济价值与修复价值。

发展能源植物，有效替代传统能源利用、降低 CO_2 排放、控制水土流失、修复污染土地，是推动节能减排和生态环境保护的战略举措之一，是实现低碳发展、促进生态文明建设的有效途径之一。

二、生物质能源产业化发展需求

近年来，全球生物质能源产量逐年快速增加，商品化的能源利用率已达到较高比例，在能源替代、节能减排、环境保护上发挥了越来越重要的作用。2011年生物质能占全球总能源消费的 9.3%；欧洲生物质能源的消费量超过 1.64 亿吨标准煤，约占欧洲能源消费总量的 8.4%；美国的生物质能利用量达 0.91 亿吨标准煤；我国的商品化生物质能产量约为 0.3 万吨标准煤。随着全球经济一体化和国内外政治、经济、社会、能源和技术的融合发展，持续推进生物质能源产业科技创新和产业跨越发展，已是我国生物质能源产业亟待解决的核心问题。

传统生物质资源面临品质差异大和转化效率低等问题，无法满足未来生物质能源产业化规模发展需求，随着社会经济的发展，传统生物质资源不足以支撑庞大的农林生物质产业，在高效循环利用传统农林生物质的基础上，发展新兴生物质资源已成为趋势。利用边际土地种植专用能源作物,既可扩大原料来源,解决生物质资源瓶颈,又可以改良原料的品质,使之易于转化,满足产业化发展需求,同时促进生态与环境保护。未来生物质能产业化发展需要传统资源和新兴生物质资源并重发展,"双轮驱动、两翼齐飞",推动生物质能源产业发展。

三、核心引领技术需求

能源植物产业涉及原料选种、育种、栽培、种植、原料处理、设备加工及终端产品应用等方面,能源植物的研究需要研究者具备多学科交叉知识,并可以综合运用系统生物学、植物学、合成生物学、智能信息技术、化学等学科知识,进行能源植物资源调查、种质的收集与保存,探究能源植物抗性机理,获得能源植物对生态环境的影响规律及能源植物标准化和规模化种植的关键技术。纤维素类能源植物转化为醇、醚、烃等高品质液体燃料,多原料富厌氧微生物共发酵产氢、产甲烷体系基础理论,边际土地新型能源植物种质创新和新品种选育等研究需求迫切。

通过科技创新,培育具有高产、高能、高效转化、高抗逆的能源植物新品种,开发木本植物、草本栽培、水生能源植物等新型生物质资源,可以支撑和引领能源植物产业的发展。

第二节　能源植物资源分析

美国和巴西分别用玉米和甘蔗生产燃料乙醇并取得了成功。我国人多地少,无法照搬美国和巴西的经验,必须另辟蹊径。在生物质能源发展领域,我国本着"不与人争粮、不与粮争地"的原则,充分利用荒山、荒滩、沙地、盐碱地和南方冬闲地发展能源植物,筛选能量富集型及通过生物工程改良和育种的能源植物,将能源供给、生态环境保护作为主要目标,实现能源—经济—环境的平衡。

一、边际土地资源与分布

据有关报道,截至 2013 年底,全国共有农用地 64 616.84 万公顷,其中耕地 13 516.34 万公顷,林地 25 325.39 万公顷,牧草地 21 951.39 万公顷;建设用地 3 745.64 万公顷,其中城镇村及工矿用地 3 060.73 万公顷;未利用土地 26 784 万公顷,图 7-1 为 2013 年全国土地利用现状图。

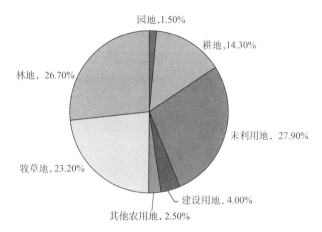

图 7-1　2013 年全国土地利用现状图

资料来源：国土资源部

　　根据第二次全国土地调查的耕地质量等别成果，我国耕地平均质量等别为 9.96 等，总体偏低。图 7-2 为 2013 年全国耕地质量各等别所占比例。优等地面积为 385.24 万公顷，占全国耕地评定总面积的 2.90%；高等地面积为 3 586.22 万公顷，占全国耕地评定总面积的 26.60%；中等地面积为 7 149.32 万公顷，占全国耕地评定总面积的 52.90%；低等地面积为 2 386.47 万公顷，占全国耕地评定总面积的 17.07%。

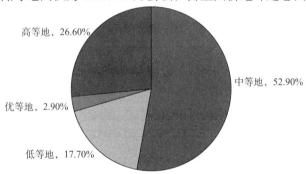

图 7-2　2013 年全国耕地质量各等别所占比例

资料来源：《2014 中国国土资源公报》

　　我国适宜种植能源作物的边际土地分为宜能荒地和宜能冬闲地，如表 7-1 所示。宜能荒地是指适宜开垦种植能源作物的天然草地、疏林地、灌木林地和未利用地，不含天然林保护区、自然保护区、野生动植物保护区、水源林保护区、水土保持区、防护林区、划入防洪泄洪区和湿地保护区的滩地，以及不好利用的土地。宜能冬闲地是指在基本不影响春播的条件下可种植一季能源作物的冬闲田土地。

表 7-1　我国不同种类的宜能边际土地结果　　　　单位：万公顷

土地类型 1)	面积						
	边际土地 2)	边际土地 3)	可用于生产生物乙醇能源作物的集中连片边际土地 4)	可用于生产燃料乙醇和生物柴油的未利用地 5)	边际土地 6)	宜农边际土地 7)	宜能荒地和冬闲地 8)
耕地	2 000.0 9)	2 000.0 9)		558.5 10)			740.0 10)
有林地	5 176.0	5 883.0					
灌木林地						3 610.3	
其他林地	5 704.0	5 704.0					2 951.5
天然牧草地							
人工牧草地						5 950.9 11)	
其他草地	361.6		361.6	361.6			
废弃工矿仓储用地					300.0		
农村道路绿化用地					75.0		
沿海滩涂、内陆滩涂	54.7	107.0	54.7	54.7		217.7	
田坎					1 661.0		
盐碱地	80.1		80.1	80.1		249.7	
沼泽地	19.7						
沙地	171.1		171.1	171.1			
裸地						54.3	
苇地 12)	14.6						
可复垦土地 12)	32.7		32.7	32.7			
宜能荒地 12)							2 680.0 13)
合计	13 614.5	16 374.0 14)	700.2	1 258.7	10 290.0 15)	13 034.4	3 420.0

1）依据 GB/T 21010—2007；2）中国可再生能源发展战略研究项目组. 中国可再生能源发展战略研究丛书：生物质能卷[M]. 北京：中国电力出版社，2008：106-110；3）石元春. 中国生物质原料资源[J]. 中国工程科学，2011，13（2）：16-23；4）严良政，张琳，王士强，等. 中国能源作物生产生物乙醇的潜力及分布特点[J]. 农业工程学报，2008，24（5）：213-216；5）《中国能源作物可持续发展战略研究》编委会. 中国能源作物可持续发展战略研究[M]. 北京：中国农业出版社，2009：1-202；6）Tang Y，Xie J S，Geng S. Maiginal land-based biomass energy production in China [J]. Journal of Integrative Plant Biology，2010，52（1）：112-121；7）庄大方，江东，刘磊. 能源植物发展潜力遥感信息获取与评价[M]. 北京：气象出版社，2013：1-125；8）寇建平，毕于运，赵立欣，等. 中国宜能荒地资源调查与评价[J].可再生能源，2008，26（6）：3-9；9）原文（指资料来源中的《中国宜能非粮土地资源评价研究进展》）指通过调整种植结构在现有非粮低产农田中可开辟出用于种植能源作物的土地；10）原文指冬闲田；11）原文包括高覆盖度草地（1 903.6 万公顷）、中覆盖度草地（2 247.8 公顷）和低覆盖度草地（1 799.5 万公顷）；12）原文使用的术语，在 GB/T 21010—2007 中无此土地利用类型，应包含在 GB/T 21010—2007 的某类型中，或为数个不同类型（或其部分）的综合；13）原文包括 I 等宜能荒地 433.3 万公顷、II 等宜能荒地 873.3 万公顷、III 等宜能荒地 1 373.3 万公顷；14）原文包括引用寇建平等的"宜能荒地"2 680.0 万公顷；15）原文包括引用严良政等的边际土地面积 8 230.0 万公顷，但严良政等文章中的边际土地面积结果实为 8 254.0 万公顷

资料来源：谢光辉，刘奇顾，段增强，等. 中国宜能非粮土地资源评价研究进展[J]. 中国农业大学学报，2015，20（2）：1-10

　　图 7-3 为 2010 年我国未利用土地的构成。2010 年我国未利用土地总面积达到 212.57 万平方千米，其中裸岩石砾地面积最大，占未利用土地总面积的 32.31%。其次为戈壁和沙地，比例分别为 27.96% 和 24.32%；沼泽地（5.59%）、盐碱地（5.49%）、裸土地（1.59%）和其他未利用土地（2.74%）占未利用土地总面积的 15.41%。2010 年我国未利用土地面积排名前 10 位的省区分别为新疆（1 090 340 平方千米）、内蒙古（350 121 平方千米）、青海（268 721 平方千米）、西藏（177 956 平方千米）、甘肃（153 604 平方千米）、黑龙江（36 372 平方千米）、四川（17 556 平方千米）、吉林（12 087 平方千米）、宁夏（4 971 平方千米）和陕西（4 622 平方千米），主要是西部和东北省区。在这些土地上种植适宜的生物质能源植物，不仅可以提高土地的利用率，扩大生物质供给，而且能够有效地绿化荒山、荒地，重建退化的生态系统，减少水土流失和土壤侵蚀，改善生态环境，促进我国生态系统的良性循环，保护生物的多样性。

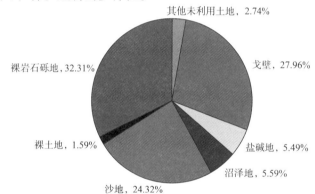

图 7-3　2010 年我国未利用土地的构成

二、主要边际土地带的自然资源情况分析

　　我国后备土地资源主要分布在干旱、半干旱的蒙新区和高寒的青藏区，二者后备土地资源面积总计约为 4 950 万公顷，占全国后备土地资源的 55.78%；东北区和半干旱的黄土高原区，二者后备土地资源面积总计约为 1 642 万公顷，占全国后备土地资源的 18.50%；其他区域后备土地资源一般在 400 万~700 万公顷。可开垦后备耕地资源中荒草地面积最大，为 361.6 万公顷，占可开垦后备耕地资源总量的 51.5%。盐碱地面积为 80.0 万公顷，占总量的 11.4%。荒草地和盐碱地是可开垦后备耕地资源的主体，两者占总量的 62.9%。

　　此外，我国地跨温带、亚热带和热带雨林地区，能源植物资源十分丰富，其中有松科、木兰科、樟科、茶科、大戟科等含油高的油脂植物。这些富油植物中的大多数都可以在全国各地的荒山、滩涂和盐碱地等非耕地上展开大面积的种植。例如，菊芋是我国目前在沿海滩涂推广种植的主要能源植物之一。宜能非粮土地在我国主要地区的资源分布情况见表7-2。

表 7-2　宜能非粮土地在我国主要地区的资源分布

地区	可垦后备耕地资源		宜能荒地								适宜能源作物发展的土地	
			Ⅰ等地		Ⅱ等地		Ⅲ等地		合计			
	面积/万公顷	排名	面积/万公顷	排名	面积/万公顷	排名	面积/万公顷	排名	面积[1)]/万公顷	排名	面积/万公顷	排名
内蒙古	17.1	9	71.9	2	131.5	2	239.6	1	443.0	1	825.8	5
新疆	327.7	1	115.9	1	160.9	1	35.0~65.0	—	311.8~341.8	2	469.8	11
宁夏	24.9	5	<15.0	—	<25.0	—	<35.0	—	<75.0	—	139.7	22
甘肃	74.6	2	<15.0	—	25.0~35.0	—	127.3	4	152.3~177.3	6	749.5	6
陕西	5.6	21	<15.0	—	<25.0	—	<35.0	—	<75.0	—	1 098.3	3
黑龙江	20.6	7	15.0~71.9[2)]	—	25.0~65.0	—	35.0~65.0	—	75.0~201.9	—	404.8	13
山东	34.2	3	<15.0	—	<25.0	—	<35.0	—	<75.0	—	156.3	21
河南	10.4	14	15.0~71.9[2)]	—	25.0~65.0	—	35.0~65.0	—	75.0~201.9	—	137.5	23
江西	26.6	4	<15.0	—	<25.0	—	<35.0	—	<75.0	—	363.8	8
四川	12.4	12	15.0~71.9[2)]	—	25.0~65.0	—	90.9	5	130.9~227.8	5	717.0	7
贵州	0.5	30	15.0~71.9[2)]	—	69.2	4	163.5	2	247.7~304.6	3	116.0	2
云南	12.5	11	15.0~71.9[2)]	—	74.2	3	143.5	3	232.7~289.6	4	2 034.7	1
广西	1.9	26	<15.0	—	<25.0	—	35.0~65.0	—	35.0~105.0	—	881.7	4

1）所参考的原文未给出面积合计，由笔者根据原文三个等级的数值加总形成；2）原文为大于15万公顷，该范围的最大值是笔者根据原文推导确立的

注：—表示由于原文中无具体面积数值而无法排名

资料来源：谢光辉，刘奇顾，段增强，等. 中国宜能非粮土地资源评价研究进展[J]. 中国农业大学学报，2015，20（2）：1-10

　　沿海滩涂作为海岸带的重要组成部分，是地处海陆交接带并不断演变的生态系统，是我国重要的后备土地资源。我国沿海滩涂分布十分广泛，据全国海岸带和海涂资源综合调查资料，全国滩涂面积约2.17万平方千米，主要分布在长江、黄河、珠江、辽河、海河、钱塘江、闽江、九龙江、韩江和滦河等各大江河的河口三角洲前沿地带，杭州湾以北平原岸段的沿海地带滩涂分布面积最广（表7-3）。

表 7-3　我国海岸带滩涂分布

地区	面积/平方千米	组成物质
江苏	5 090	细砂、砂质粉砂、粉砂、黏土质粉砂和贝壳砂
山东	3 200	粗砂、中砂、细砂、砂质粉砂、粉砂、黏土质粉砂、砂—粉砂—黏土
广东	2 500	中砂、中细砂、细砂、粉砂、粉砂质砂、黏土质粉砂
浙江	2 400	砾砂、中细砂、细砂、贝壳砂、粉砂质砂、黏土质粉砂

续表

地区	面积/平方千米	组成物质
福建	2 000	粗砂、中粗砂、细砂、中砂、中细砂、细砂、粉砂质砂、黏土质粉砂、黏土质砂
辽宁	2 000	粗砂、中砂、细砂、粉砂质砂、黏土质砂、粉砂、粉砂质黏土
河北	1 000	粗粉砂、粉细砂、黏土质粉砂、含贝壳黏土质粉砂、粉砂
上海	1 000	黄色细砂为主、粉砂、黏土、含贝壳碎片或夹层、粗粉砂
广西	1 000	中砂、中细砂、泥质砂、黏土质砂、砂质淤泥、珊瑚贝壳砂
天津	370	极细砂、粉砂质砂、粉砂、黏土质粉砂、砂—黏土—粉砂
海南	30	中细砂、粉砂、黏土质粉砂、砂质淤泥
台湾	36	粗砂、中砂、细砂、粉砂、黏土质粉砂

沿海滩涂是陆海交汇地带，既受内陆河流挟带的大量泥沙在河口及海岸的堆积影响，又受沿海排入海区的工业和生活污水的污染，它们会影响海岸的变迁、滩涂的冲淤、沿海生物活动、鱼类的洄游和栖息等。因此，沿海滩涂的开发利用必须因地制宜、统一规划、综合治理、全面利用。在滩涂地种植蒲、杞柳和芦竹等能源植物可减轻热带风暴危害，调节小气候，还能够保持水土、防止海岸侵蚀和海水入侵、防止污染、修复环境。

三、主要能源植物种质资源分析

能源植物种类繁多，生态分布广泛，有木本、乔木和灌木类等。世界上富含油的能源植物达万种以上，我国幅员辽阔，地域跨度大，能源植物资源种类丰富多样。据统计，能源植物主要的科有大戟科、樟科、桃金娘科、夹竹桃科、菊科、豆科、山茱萸科、大风子科和萝藦科等。依据能源转化方式，可将能源植物分为以下几类。

（一）纤维类能源植物

纤维类生物质资源主要由纤维素、半纤维素及木质素组成。一般情况下，天然纤维素和其他结构多聚物基质共同构成植物的结构主体，植物干重的 35%~50%是纤维素，20%~35%是半纤维素，还有 5%~30%是木质素。纤维素质原料是地球上最丰富的可再生资源。全球光合作用产生的植物生物量每年高达 1.1×10^{12} 吨，纤维素质原料占全球生物量的 60%~80%，世界草本纤维素类能源植物的主要种类、特性及分布地区见表 7-4。

表 7-4 世界草本纤维素类能源植物资源的主要种类、特性及分布地区

植物种类	分类学名称	干生物质产量	生物学特性	分布地区
芒草	禾本科芒属	20~50吨/公顷	多年生，株高3~7米，丛生或散生，分蘖数40~200个，耐旱、耐涝、耐瘠、耐寒、耐储藏，抗病虫害能力强，但耐盐碱能力较弱	我国除青藏高原和西北地区的广大地区；东亚、东南亚、西伯利亚
杂交狼尾草	禾本科狼尾草属	40~70吨/公顷	高度不育，株高2~6米，丛生，株型紧凑，分蘖数15~20个，耐旱、耐瘠、耐盐、抗病虫害能力强，但不耐低温和霜冻	以二倍体美洲狼尾草和四倍体象草交配产生的三倍体杂种，适合热带和亚热带地区种植
速生杨树	杨柳科杨属	—	乔木，树形高大，干形通直圆满，尖削度小，分枝粗度中等，树皮薄，对蛀虫有较强的抗性，高抗叶斑病和枝干溃疡病，且具有一定的抗旱性、抗寒性、耐水性	在我国浙江、福建、广东、广西等地广泛分布；美洲
象草	禾本科狼尾草属	15~60吨/公顷	多年生，株高2~5米，丛生，分蘖数30~50个，在沙土和黏土中均能生长，喜肥水，耐酸性土壤，但不耐瘠和低温	非洲热带地区
芦竹	禾本科芦竹属	30~40吨/公顷	多年生，株高3~6米，丛生但株型披散，适应性强，易于繁殖，耐旱、耐涝、耐热、耐冻、耐瘠	在我国广泛分布；亚洲、非洲、大洋洲
河八王	禾本科河八王属	35~45吨/公顷	多年生，株高3~5米，丛生，耐瘠、耐旱、早熟、直立抗倒，抗病能力强，不耐低温	我国秦岭—淮河以南地区；东亚、东南亚、南亚
斑茅	禾本科蔗茅属	30~50吨/公顷	多年生，株高2~6米，丛生，喜温暖潮湿气候，耐盐、耐酸性土壤、耐旱、耐瘠、抗病虫能力强	我国长江以南地区；东南亚、南亚
柳枝稷	禾本科黍属	10~30吨/公顷	多年生，株高1~3米，丛生，根系发达，适应性广，耐寒、耐旱、耐涝	北美洲
须芒草	禾本科须芒草属	4~13吨/公顷	多年生，株高1~3米，丛生，喜湿、耐旱、耐瘠、耐酸性土壤	南美洲、北美洲
藨草	禾本科藨草属	6~15吨/公顷	多年生，株高0.6~1.5米，多散生，分蘖旺盛，抗旱、耐涝、耐低温，不耐盐	我国北方地区；北美、北欧和亚洲温带地区；大洋洲、南非
芨芨草	禾本科芨芨草属	5~12吨/公顷	多年生，株高0.5~2.5米，丛生，根系强大，适应性强，耐寒、耐旱、耐瘠、耐盐碱	我国北方和青藏高原；中亚、西伯利亚

资料来源：蒋建雄，孙建中，李霞，等. 我国草本纤维素类能源作物产业化发展面临的主要挑战与策略[J]. 生物产业技术，2015，（2）：22-31

以下为我国极具开发价值的纤维类能源植物。

（1）芒草。芒属植物统称芒草，具有高光合固碳效率、生长快、适应性强、病虫害抗性强、生产力高等特点，亩[①]产干物质可达 5 吨，是优良的能源植物（图7-4）。芒属植物全世界约有 10 种，主要分布于东南亚，我国所产 6 种芒属植

---

① 1亩≈666.67平方米。

物主要分布在东部、南部沿海、云南、四川和台湾。其中四川分布种类最多，安
徽、台湾、河南和江西次之。

（a）

（b）

图 7-4　我国能源植物芒草

资料来源：https://baike.baidu.com/item/芒草/10320818

（2）杂交狼尾草。狼尾草起源于非洲，分布在热带、亚热带地区，隶属于禾
本科、黍亚科、黍族和蒺藜草亚族，为一年生或多年生草本。狼尾草在全球约有
130 种，在我国约有 8 种（包括引种），主要分布于海南、广西、青海、甘肃、陕
西、四川等地。杂交狼尾草是典型代表，其生长速度快、分蘖多、生物量高，可
生长在贫瘠、沙化、盐碱的土地上，每公顷单产干草 40~60 吨，1 千克干草燃烧
热值相当于同等重量煤炭热值的 70%~80%，无论直燃发电、转化乙醇还是发酵产
气都是生物质能转化的有效方式。我国在 20 世纪 30 年代从印度、缅甸等国引入
狼尾草，并在广东、四川等地试种，80 年代已推广到广东、广西、湖南、湖北、
四川、贵州、云南、福建、江西、台湾等地栽培（图 7-5）。目前，在我国大部分
地区均已种植狼尾草。

（a）

（b）

图 7-5　我国能源植物杂交狼尾草

资料来源：https://baike.baidu.com/item/杂交狼尾草

（3）速生杨树。速生杨树具有光能利用率高、生长快、成材早、产量高、易更新、营养需求少、投入少等特点，是世界上中纬度平原地区栽培面积最大、木材产量最高的速生用材树种之一（图 7-6）。我国有丰富的杨树资源，其天然种有 53 种之多，且分布广泛，西起西藏，东至江浙，南起福建、两广的北部和云南，北至黑龙江、内蒙古和新疆等地，面积约 757.23 万公顷，总蓄积量达 3.4 亿立方米。

（a）　　　　　　　　　　　　　　　　（b）

图 7-6　我国能源植物速生杨树

资料来源：https://baike.baidu.com/pic/速生杨/5026577

（二）糖类、淀粉类能源植物

我国具有极其丰富的糖类生物质资源，涉及约 80 个品种，主要集中在菊科、禾本科、藜科、蔷薇科、葡萄科等，目前被认为最具有发展潜力且能大面积种植的非粮能源植物有菊芋、甜高粱、甘蔗和甜菜等。

（1）菊芋。菊芋俗名洋姜，菊科，向日葵属，是多年生草本植物（图 7-7）。菊芋种植简单，一次播种后可多次收获，产量极高。菊芋对生态环境条件要求不严，喜温暖，但耐寒；喜温润，但耐旱；喜肥沃，但耐贫瘠、盐碱。菊芋在全球的热带、温带、寒带及干旱、半干旱地区都有分布。菊芋在我国分布广泛，各个省（自治区、直辖市）均可见，主要分布于黑龙江、辽宁、吉林、北京、内蒙古、河北、河南、四川、山东、陕西、新疆、江苏、湖南、湖北、安徽、宁夏、山西等地。目前，菊芋在全国的种植面积已超过 3 万公顷，其中甘肃的种植面积达 0.9 万公顷，青海、宁夏、内蒙古等地的种植面积均在 0.2 万公顷以上。

（2）甜高粱。作为 C_4 植物，甜高粱是光合效率最高的作物之一，被称为"高能作物"。与甘蔗和甜菜相比，甜高粱生长速度快、生物学产量高、糖分积累快，除能收获 3 000~6 000 千克/公顷的籽粒外，还可同时获得高达 3 000~4 000 千克/公顷的茎叶（图 7-8）。甜高粱生产乙醇的工艺简单，同时较玉米生产乙醇更具有

（a）　　　　　　　　　　　　　　　　　（b）

图 7-7　我国生物质资源菊芋

资料来源：https://baike.baidu.com/item/菊芋/3066548

优越性，而且单位面积甜高粱茎秆乙醇提取量明显高于单位面积玉米籽实的乙醇提取量。我国从南到北、自东至西均可种植甜高粱，其中可种植甜高粱的未利用地面积达 5.919 2×10^{7}公顷，主要集中于新疆和内蒙古等地；而最适宜甜高粱种植的未利用地面积达 2.867×10^{6}公顷，主要分布在黑龙江、内蒙古、山东和吉林等地。

（a）　　　　　　　　　　　　　　　　　（b）

图 7-8　我国生物质资源甜高粱

资料来源：https://baike.baidu.com/item/甜高粱/9675043

（3）甘蔗。甘蔗种质资源包括甘蔗地方品种、杂交品种、甘蔗育种中间材料、甘蔗属植物及其近缘属植物（图 7-9）。现代的甘蔗品种大多数都是甘蔗属中热带种、割手密种、印度种的杂交后代，少部分还含有大茎野生种、中国种的血缘，遗传基础狭窄成为限制甘蔗育种突破的主要障碍。因此，我国甘蔗育种机构十分重视对种质资源的收集、保存、研究和利用。我国的甘蔗主产区主要分布在北纬

24°以南的热带、亚热带地区，包括广西、云南、广东、海南、福建、台湾、四川、江西、贵州、湖南、湖北、浙江等 12 个地区。其中，90%以上的甘蔗种植分布在广西、云南、广东、海南等地。

（a） （b）

图 7-9 我国生物质资源甘蔗

资料来源：https://baike.baidu.com/item/甘蔗/1074

（4）甜菜。甜菜属藜科甜菜属，原产于欧洲西部和南部沿海，是我国主要的糖料作物之一（图 7-10）。我国甜菜种质资源丰富，甜菜在我国分布范围较窄，主要分散地种植在黑龙江、吉林、内蒙古、新疆、宁夏等省区的局部地区，少数种植于华北地区的少数省区市。

（a） （b）

图 7-10 我国生物质资源甜菜

资料来源：https://baike.baidu.com/item/甜菜/183950

我国 2010~2013 年高粱、甘蔗和甜菜三种糖类作物的种植面积及产量详见表7-5。

表 7-5　2010~2013 年高粱、甘蔗和甜菜三种糖类作物的种植面积及产量

作物	2010 年		2011 年		2012 年		2013 年	
	面积/万亩	产量/万吨	面积/万亩	产量/万吨	面积/万亩	产量/万吨	面积/万亩	产量/万吨
高粱	821.55	245.60	750.32	205.09	934.71	255.55	873.45	289.15
甘蔗	2 529.45	11 078.87	2 581.81	11 443.46	2 691.99	12 311.39	2 724.00	12 820.10
甜菜	328.05	929.62	339.86	1 073.08	353.67	1 174.04	273.00	926.00

资料来源：农业农村部网站

我国淀粉类能源植物资源非常丰富，如浮萍、木薯、甘薯、马铃薯等均可用做能源植物生产生物乙醇。此外，还有一些野生的产淀粉的植物，如蕉芋、葛根、橡子、野百合、魔芋等。近年来世界淀粉业取得较快发展，产量年均增长 14% 以上。在目前的技术条件下，最具代表性和开发潜力的非粮淀粉类能源植物是木薯和浮萍。

（1）木薯。木薯是大戟科木薯属植物，具有超强的光、热、水资源利用率，单位面积生物质能产量几乎高于所有其他栽培作物，是热带地区最具经济效益的作物之一（图 7-11）。我国木薯种植稳中有升，优势区域明显，基于木薯种植习惯和产业发展需求，逐步形成了当前木薯种植的四大优势区域：琼西-粤西优势区、桂南-桂东-粤中优势区、桂西-滇南优势区、粤东-闽西南优势区。同时随着木薯种植北移技术的建立，我国已在湘南、赣南等地区发展木薯种植，但总体规模较小。

（a）　　　　　　　　　　　　　　　　（b）

图 7-11　我国生物质资源木薯

资料来源：https://baike.baidu.com/item/木薯

（2）浮萍。浮萍是浮萍科植物的统称，包含五个属：青萍、多根紫萍、少根紫萍、芜萍和无根芜萍，约38个种（图7-12）。目前能源浮萍的研究在全球范围内还处于前期阶段，能源高值化利用的开发更是刚刚起步。

（a）　　　　　　　　　　　　　　　　　　　（b）

图7-12　我国生物质资源浮萍

资料来源：https://baike.baidu.com/item/浮萍/77667

（三）油脂类能源植物

油脂类能源植物主要是利用植物油脂作为原料生产出可以替代石化柴油的新型生物柴油燃料。与石化柴油相比，油脂类生物柴油具有可再生、能量密度高、燃烧充分、尾气排放少等优点。因此，发展生物柴油产业化以替代石化柴油受到全世界的高度关注。我国最具有开发潜力的非粮油脂类能源植物有油料作物蓖麻和木本油脂类能源植物油桐树等。

（1）蓖麻。蓖麻是当前我国最具开发潜力的非粮油料作物，也是世界上最主要的非食用油料作物之一。蓖麻对不同气候和土壤类型的适应能力强，在我国的种植范围很广，北至内蒙古、新疆、东北大部分地区，南至海南等热带地区，均适宜蓖麻生长，但种植主要集中在内蒙古、吉林、山西、新疆等地（图7-13）。然而，不同种质或品系的蓖麻在我国南方和北方不同生态环境下（或边际土地上）的产量和抗性表现具有较大差异。筛选和培育适宜不同边际土地的优良品种或品系是我国利用蓖麻产业发展生物柴油的中心环节。

（2）木本油脂类能源植物。我国木本油脂类能源植物资源十分丰富，在现有木本（灌木）油脂类植物中，种子含油量在40%以上的种质有30多种，其中油桐树、小桐子、乌桕、山桐子、文冠果、黄连木、盐肤木、油棕等属于优势种类。这些木本油脂类植物的分布几乎覆盖了我国主要的可利用的边际土地。其中，油桐树种子产量高，主要分布于我国长江以南和西南山地；乌桕主要分布于江淮流域和西南地区；油棕产油量高，仅分布于我国热带地区，包括海南、广东、广西和云南等

（a）　　　　　　　　　　　　　　　（b）

图 7-13　我国生物质资源蓖麻

资料来源：https://baike.baidu.com/item/蓖麻/631447

部分地区；山桐子抗性强，广泛分布于长江以南地区和西南山地；黄连木和文冠果主要分布于长江以北地区；小桐子在我国主要分布于广东、广西、云南、四川、贵州、台湾、福建、海南等地，集中在南方热带和亚热带的干热河谷地区（图 7-14）。

（a）油桐树　　　　　　　　　　　　（b）乌桕

（a）黄连木　　　　　　　　　　　　（d）文冠果

图 7-14　我国木本油脂类能源植物

资料来源：https://baike.baidu.com/item/油桐/1035800；https://baike.baidu.com/item/乌桕/1548681；
https://baike.baidu.com/item/黄连木；https://baike.baidu.com/item/文冠果/769397

（四）藻类资源（微藻、海藻）

藻类植物种类繁多，目前已知有七万余种，其中微藻约占 70%。藻类对环境条件要求不严，适应性强，几乎在所有的环境中都能生存，其主要分布于水中，可以是淡水、海水或者半盐水。不同种类能源藻贮藏物质有所不同，其中硅藻以油脂为主，绿藻以淀粉或蛋白为主（图 7-15）。

（a）　　　　　　　　　　　　　　　　（b）

图 7-15　我国生物质能源藻类

资料来源：https://baike.baidu.com/item/藻类

代表性能源藻类主要有以下几种。

（1）三角褐指藻，属于硅藻，是常用的饵料藻种。三角褐指藻细胞不含内毒素，光合效率高，生长快，单位面积产量高，成本低。对培养条件（温度、盐度、光照、酸碱度）要求不高，生长范围广，在很多地域都可产业化生产。三角褐指藻脂质含量为 20%~30%，缺氮处理两天可使其脂质累积达到 53%，且其遗传转化体系已建立，便于分子设计育种。

（2）小球藻，属于绿藻，是迄今发现的生长速度最快的植物种类之一，也是第一种被人工培养的微藻。小球藻体积小，直径约 5 微米，不含内毒素，光合效率高，繁殖迅速且培养成本低，脂质含量为 20%~30%。人们可自养、异养小球藻，在海水、淡水、污水中也均已分离出藻株。

（3）微拟球藻，属于绿藻，直径为 2~3 微米，脂质含量 20%~30%，缺氮处理后可达干重 68%，油脂以 C_{16} 和 C_{18} 脂肪酸为主，也是一种具有潜力的生物柴油藻种。

（4）斜生栅藻，属于绿藻，是淡水中常见的浮游藻类，多见于营养丰富的静水中。斜生栅藻对有机污染物有较强的耐性，在水质评价中可作为指示生物。不同培养条件下斜生栅藻的油脂含量在 11%~55%，同时可被用于污水处理，因此，使用斜生栅藻制备生物柴油具有突出优势。人们在淡水、污水中也均已分离出藻株。

第三节　国内外能源植物研发进展和趋势

自从美国的诺贝尔奖获得者卡尔文在加利福尼亚种植能源植物获得成功后，加之世界各地相继发现的一些"柴油树""酒精树"，全球范围内便迅速掀起了一股开发研究能源植物的浪潮，许多科学家们萌生了建立石油"能源林场"的设想。许多国家也制订了相应的研究开发计划，如日本的新阳光计划、印度的绿色能源工程、美国的能源农场等。能源植物的大量种植，将在发展经济、解决能源短缺、保护环境等方面做出巨大贡献。

目前能源植物研发取得了显著成效：培育了一批以能源高粱和能源草为主，耐盐、抗虫、抗寒、抗旱、低木质素的能源植物新品种；开展了生物柴油、纤维素乙醇等原料树种不同基因型（种源、优树等）的资源收集研究，已初步建立了包括文冠果、无患子、小桐子、光皮梾木树、黄连木、山桐子、刺槐等的优良种质资源基因库；开展了速生、高产、高能、高含油脂等为评价指标的优良能源种质的筛选技术研究，为后期新品种选育奠定了基础。例如，国内已审定的菊芋优良品系有"南芋"系列、"青芋"系列、"定芋 1 号"等，都是通过自然变异筛选获得的。其中，耐盐碱品种"南芋 1 号"适合在沿海地区盐分含量 3‰左右的滩涂地上种植；耐寒品种"青芋 1 号"适合在高海拔、高寒地区种植；"定芋 1 号"适合在半干旱地区种植。在甜高粱方面，筛选和培育了一系列优良甜高粱品种，如"M81-E"、"凯勒"、"雷伊"和"BJ238"，以及"雷能"和"科甜"系列甜高粱杂交种。在甜菜方面，中国农业科学院从多个国家引进了甜菜新品种，但从整体来看，在品种培育方面，主要是传统育种，分子遗传育种才刚刚起步，且对培育出来的优良品种的利用与推广较少。

自"十一五"以来，我国对木薯产业的支持力度不断加大，已将木薯列为国家现代农业产业技术体系建设项目之一，在育种、栽培、病虫害防控、产品加工等方面都开展了一系列的研发，对我国木薯产业发展起到了重要的推动作用。2000年之后，随着"华南 205"、"华南 5 号"、"华南 124"、"南植 199"和"GR911"等良种的推广及栽培与田间管理等技术的提高，木薯单产水平有了较快发展。2005年，全国木薯种植面积达 42 万公顷，鲜薯总产量达 736 万吨，单产为 17.5 吨/公顷，居世界第五位。广西木薯单产和总产量在国内各省（自治区、直辖市）之间最高，广东次之。

在规模化种植方面，结合畜牧业发展，我国已在内蒙古、河南、辽宁、吉林、广西、四川、重庆、海南等地规模化种植了甜高粱、柳枝稷、狼尾草、芒草、草高粱等。在甘蔗方面，广西农业科学院甘蔗研究所繁育示范推广的"桂糖 21 号"，在广西蔗区的种植面积从 2006 年的 2.25 万亩跃升到 2010 年的推广种植面积 41

万亩，为我国目前自育品种种植面积最大的品种。目前我国菊芋的规模化种植主要集中在西北地区，如甘肃的兰州、定西、白银等地及青海的西宁等地。初步建成的菊芋种质资源收集保存基地、品种选育及繁育基地、高产栽培技术研究与示范基地、菊芋有机原料生产基地等，为我国菊芋规模化种植树立了示范样板。我国在北方地区并没有建立甜菜的规模化种植及高效栽培技术体系。油桐树、小桐子、乌桕、黄连木和文冠果等在我国具有较好的开发前景和种植基础，在我国现有种植或零星分布的面积约 480 万亩。

整体看来，我国能源植物资源品种培育还存在很多不足：研究与收集工作刚起步，不同单位收集的资源侧重点不同，相对分散；评价标准不同，缺乏可操作性，收集也具有盲目性；在品种培育方面，传统育种为主，分子遗传育种才刚起步，且培育出来的优良品种的利用与推广也较少。因此，利用新技术筛选和种植优质、高效的能源植物，突破能源植物标准化和规模化种植关键技术，开发高效生物炼制技术将能源植物转化为气体或液体燃料，最终实现能源植物高值化利用将成为今后研究的重点。目前具体研究的主要方向可归纳为以下几点。

1. 能源植物新品种选育技术

通过对能源植物重要生物学性状和主要目标物质分析，同时考虑能源植物规模化种植的要求，通过对能源植物重要生物学性状观测和目标物质主要成分分析提出能源植物评价标准。利用选择育种，选择种子产量高且出油率高的品种（系）或地域种质资源，利用杂交育种、诱变育种（辐射诱变、化学诱变、航天育种、离子束注入诱变育种）获得有价值的突变体或单株，为培育新品种（系）提供优良的材料。

2. 能源植物规模化高产种植技术

对现有较好前景的能源植物在产业化过程中的关键技术问题展开系统研究。对能源植物进行丰产栽培、发展模式及生理生态评价。建立丰产栽培试验示范基地，获得其高产栽培配套技术与最佳发展模式，并形成完整的丰产栽培技术和资料，为以后的大面积生产与推广提供技术支撑。

3. 能源植物高效生物炼制技术

生物炼制是未来生物产业的核心，生物转化和热化学转化是生物炼制的两个基本方法。利用能源植物作为原材料是生物炼制长远发展的方向之一。以微生物细胞或者酶的手段，通过一系列的生物化学途径，将能源植物高效转化为气体或液体燃料、材料或平台化合物等各类化工产品是未来生物炼制过程的核心。例如，微藻可用于加工生产食品添加剂、不饱和脂肪酸、荧光颜料、生物活性成分、动物饲料、微生物油脂等。借助基因组学、系统生物学和合成生物学等学科基础，构建分子机器或者细胞工厂。利用能源植物资源，建立以微生物转化为核心的生物质化工与生物质能源的科技创新体系，突破生物能源、生物基材料与生物基化工产品合成的关键技术，建立燃料与石油化工产品的原料替代路线，促进大宗工业原材料摆脱对石油的依赖，逐步摆脱我国工业化进程对化石资源过分依赖的局面，部分替代不可再生的一次性矿产资源，初步实现以碳水化合物为基础的经济与社会可持续发展。

4. 关键装备系统

能源植物产业化发展需要实现关键装备系统技术创新，目前我国能源植物的收、储、运体系发展不够成熟，种植、收获、运输、储藏等设备的机械化水平偏低。例如，收获用的收割机是由国外引进的高秆作物收割机发展起来的，我国将其引进后，根据植物性状，对其进行了技术改造，虽取得了一些成果，但是出于技术原因，在实际使用中仍存在可靠性差、故障率高、使用效率低等缺点。总体来说，我国现有能源植物收、储、运设备存在作业效率低、环境适应性差、功能单一等缺点。未来能源植物的产业化应用，需要实现收、储、运设备机械化、自动化、智能化、集成化和一体化。

第四节　能源植物能源炼制工程案例分析及技术预测

一、能源植物能源炼制工程案例

（一）能源植物生物燃气工程

1. 项目概况

该工程位于广东省惠州市汝湖镇，2015 年 3 月开工建设，8 月完成整体试机，其主要包括两部分，其中中试工程面积约 210 平方米，基地内杂交狼尾草实验种植面积约 1 500 平方米。中试工程的主要原料是杂交狼尾草等能源植物，并集成优化预处理、两级厌氧发酵制气、生物燃气提质和发酵剩余物生态化利用四大模块的工艺技术和设备，形成了"能源草种植→厌氧发酵→产品（生物天然气、有机肥）"整个产业链的中试平台，通过运行、调整和优化，为我国能源植物制备生物天然气提供了可靠的理论依据和实践经验（图 7-16）。

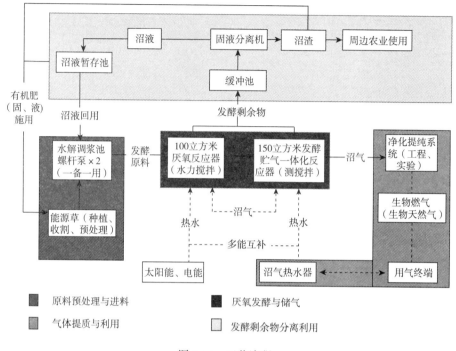

图 7-16　工艺流程

2. 主要工艺原理

　　能源草收割后，经切割破碎（粒径≤5 厘米）后以青贮料形式储存。工程运行时每天按需取用青贮料，将青贮料粉碎后（粒径≤5 毫米）送入调配池（总容积为 30 立方米），调配成 TS 浓度为 8%~10%的混合液，然后泵入 1#完全混合式反应器厌氧发酵罐（有效容积为 100 立方米），1#罐的搅拌方式以管道泵水力搅拌为主、潜水搅拌为辅，发酵温度为 35~38℃，停留时间为 15~30 天。1#罐采用底部进料、上部溢流出料的连续式进出料方式，溢流出的料液进入 2#一体化发酵罐（有效容积为 150 立方米，顶部双膜储气柜容积为 50 立方米），发酵温度为35~38℃。发酵罐设置盘管增温系统，热能通过生物燃气直燃、太阳能和电能三种方式进行供给切换，形成多能互补的高效能源利用方式。发酵剩余物由 2#罐溢流进入沼液缓冲池（总容积为 10 立方米），经固液分离后沼液进入沼液池（有效容积为 70 立方米），施用于能源草种植地块；沼渣直接外运，用于田地施用或作为有机肥原料进行深加工（图 7-17）。

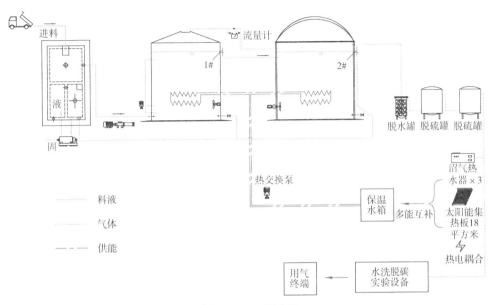

图 7-17　工艺原理

3. 关键技术或设计创新特色

惠州汝湖工程、增城及三水示范基地中关键技术分别如图 7-18~图 7-20 所示。

（a）杂交狼尾草种植（基地内）

（b）原料预处理

图 7-18　惠州汝湖工程

（c）电控室和厌氧反应器　　　　　　　　　　（d）厌氧反应器

（e）生物燃气脱硫净化　　　　　　　　　　（f）生物燃气高压水洗脱碳提纯

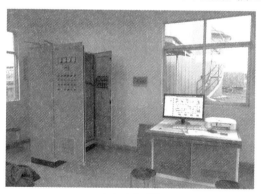

（g）电控系统

图 7-18　续

图 7-19　多能互补供热——太阳能（增城示范基地）

图 7-20　多能互补供热——沼气热水器（三水示范基地）

设计创新特色有以下几个方面。

（1）通过对能源草刈割时间、刈割频率等参数的人为控制，提高了能源草产量和总生物质量。

（2）能源草预处理方面，采用两级机械预处理（破碎+粉碎），提高预处理效率，保证发酵原料粒径≤5 毫米，并采用先青贮后发酵的方式，提高了发酵效率和池容产气率。

（3）完全混合式反应器+一体式厌氧反应器结合的两级厌氧发酵工艺，提高了原料利用率。

（4）完全混合式反应器采用管道泵水力搅拌为主、潜水搅拌为辅的搅拌方式，既保障了罐体内料液混合均匀、不结壳，又有效降低了能耗。

（5）采用生物燃气直燃、太阳能和电能三种供能方式，实现了多能互补的能源高效利用。

4. 主要技术指标

主要技术指标如表 7-6 所示。

表 7-6　主要技术指标

序号	名称	参数
1	发酵浓度（TS）	8%~10%
2	TS 产气率	0.3~0.4 米³沼气/千克 TS
3	体积产气率	≥1.2 米³/米³
4	沼液产量	5 吨/天
5	沼渣产量	150 千克/天，含水率 70%
6	发酵温度	35~38℃
7	停留时间	15~30 天

5. 投资及运行效益分析

该工程总投资约 180 万元。

运行费用主要包括：工程运行所需要的周边的能源草原料、能源草种植基地的简单化肥、接种所需要的猪粪等接种物的费用；聘请一个工人负责能源草的管理与工程的日常运行及对实验数据监测的费用；聘请临时人员割草及种植的费用；临时租用设备及工程用地的费用。

（二）能源植物液体生物燃料工程

1. 项目概况

2015 年 4 月，中国科学院广州能源研究所在实验室建立安装了一套同步生物加工法发酵设备，进行小试和中试规模技术运行的可行性论证；2015 年 7 月，中国科学院广州能源研究所在山东龙力生物科技股份有限公司安装了 800 升乙醇生产装置，9 月进行整套中试生产线的试运行和调试工作，其他工作也已完成。

该项目集甜高粱秸秆碱蒸馏预处理、纤维素降解菌群降解糖化、乙醇发酵、CBP（consolidated bioprocessing，联合生物加工）发酵工艺设备的研发和加工于一体，将甜高粱秸秆转化为乙醇，同时该项目将 1.5 代甜高粱乙醇与 2 代纤维素乙醇融合到一起。其主要工艺原理如下：粉碎后的新鲜甜高粱秸秆在卧式发酵罐中发酵后将秸秆中的糖转化为乙醇，利用特殊设计的碱蒸馏设备对发酵后的甜高粱秸秆进行碱蒸馏预处理，将发酵料中的乙醇分离出来的同时脱除秸秆中的大部分木质素，使秸秆中的纤维素和半纤维素暴露出来，然后利用纤维素降解菌群将预处理后的甜高粱秸秆转化为可发酵糖进一步发酵转化为乙醇。该项目通过对相关菌群和发酵转化工艺的优化，可提高可发酵糖的得率和乙醇产率，提高产物耐受性；该项目研究并建立与 CBP 发酵工艺相适应的实验室和中试规模的预处理、发酵、提取设备，经过小试、中试构建纤维素乙醇中试生产工艺，在此基础上在山东龙力生物科技股份有限公司建设了一条中试生产线。

2. 关键技术或设计创新特色

（1）该项目创新性地将 1.5 代甜高粱乙醇与 2 代 CBP 工艺纤维素乙醇融合在一起，有效地提高了设备利用率并降低了生产能耗。

（2）为保证甜高粱秸秆 CBP 工艺转化为乙醇中试生产线的顺利进行，中国科学院广州能源研究所首先研究开发了一套能够监测多项发酵参数的实验室用多功能发酵设备，为工艺的研发、发酵参数的确定奠定了理论基础。

（3）CBP 工艺生产纤维素乙醇是将木质纤维素酶解、糖化、乙醇发酵等过程融为一体，具有发酵周期短、设备利用效率高、生产能耗低等技术优势，针对甜高粱秸秆 CBP 工艺转化为乙醇的技术特点，中国科学院广州能源研究所研究开发了具有诸多创新和高技术含量的发酵工程设备，保证了项目的顺利进行，也是进一步创新实践的基础。

（4）主要技术指标。获得两组可使秸秆类木质纤维素高效分解和发酵后高产乙醇的菌群，以及 CBP 工艺产乙醇工艺技术一套；经预处理后的秸秆发酵产乙醇时间控制在 72 小时以内，秸秆中半纤维素、纤维素糖化率大于 90%，乙醇收率不低于理论值的 90%；建立了综合利用甜高粱秸秆生物组合技术 800升乙醇生产装置。

（三）能源植物成型燃料工程

1. 项目概况

美国佛蒙特州农场示范项目占地 500 英亩[①]，利用边际土地种植能源植物——柳枝稷，以柳枝稷为原料，从原料种植、生产、粉碎、烘干到产品成型、包装入库，均采用自动化生产工艺（图 7-21）。

（a）种植　　　　　　　　　　　　（b）生产

图 7-21　美国佛蒙特州农场示范项目

---

① 1 英亩≈4 046.86 平方米。

（c）粉碎　　　　　　　　　　　　　（d）产品成型

图 7-21　续

2. 关键技术或设计创新特色

能源植物生产成型燃料技术路线如图 7-22 所示。

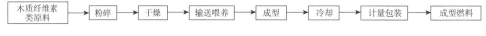

木质纤维素类原料 → 粉碎 → 干燥 → 输送喂养 → 成型 → 冷却 → 计量包装 → 成型燃料

图 7-22　能源植物生产成型燃料技术路线

3. 投资及运行效益分析

柳枝稷产量为 4.5 吨/（英亩·年），年产量可达 2 250 吨，可替代 230 000 加仑的 2# 燃油，可达到 16 000 磅[①]的除磷和 20 000 磅的脱氮效果，CO_2 减排 2 250 吨，创收 42.9 万美元。

二、案例经验分析及技术预测

从国内外发展能源植物成功的案例可以看出，技术的创新与突破、正确的产业发展模式及合适的激励政策是我们可以借鉴的主要经验。

（一）技术的创新与重大突破为产业的快速发展提供了支持与保障

以能源植物制备生物燃气产业为例，生物燃气产业是一个复杂的工程，高效生产和利用通常需要农业工程、微生物学、化学工程、过程控制等学科的支持，同时更需要机械加工、仪器制造等工业界的参与，促使其商业化和工业化。德国、瑞典等国的生物燃气制备与高值化技术虽然已经处于世界领先地位，但是其研究机构、企业、政府从没有中断对技术的不断创新，期望降低成本、增加收入、提

---

① 1 磅≈0.45 千克。

高综合效益。生物燃气工程的相关企业主要通过提高先进技术的应用和装备集成，提高工程运行的产气效率和设备稳定性，以及降低设备制造成本、人工和维护费来降低沼气工程的投资和运行成本，以追求更低的成本和更高的经济效益。研究机构主要致力于优化生产过程，提高生物燃气产量，缩减能源成本及减少环境影响，除了生产方面的研究，生物燃气的运输和利用也是其重点的研究方向，实现增加生物燃气生产潜能、提高生物燃气生产效率、加大生物燃气的市场供给、保护生态环境。

德国和瑞典生物燃气工程的发酵原料普遍是两种、三种或三种以上的多元混合原料。德国和瑞典的生物燃气工程多采用高浓度厌氧发酵技术，如德国大多采用发酵料液 TS 浓度为 8%~15%的高浓度发酵或干发酵工艺。德国采用了热电肥联产工艺，即使在冬季环境气温低至-20℃时，生物燃气工程仍然可以良好运行，经济效益显著。德国的生物燃气工程工艺和工程装备及其集成技术依托欧洲的工程技术基础，技术非常先进，已经实现设计标准化、系列化、工业化、现代化的水平，最好的工程仅需要 1~2 个管理人员。

（二）与国情相适应的发展模式是产业与科技快速发展的基础

从全球各国能源植物的发展历程来看，只有根据各自的地理条件，如温度、气候、土地等资源情况，因地制宜地制定适合本国国情的产业发展模式，才能实现产业的快速发展。例如，澳大利亚的古巴树（也称柴油树），其成年树中每棵每年可产出约 25 升燃料油，这种油可直接用于柴油机；巴西的汉咖树体内含有 15 % 的酒精；产于美国的美洲香槐生活在干旱和半干旱地区，生长环境与我国西部环境相似，在每公顷土地上这种大戟科植物可产出约 1 600 升（合 10 桶）燃料油；生长在我国海南岛的油楠树，是一种能产柴油的树种，一棵直径 0.4 米、高 12 米的小油楠树，可年产拟柴油物质 10~25 升，一棵大油楠树可产 50 升；巴西的香胶树是一种枝干粗大的常绿乔木，一年能分泌 40~60 千克胶液，纯净的胶液无须提纯可直接当柴油使用，每公顷香胶树可年产石油 225 桶；美国加利福尼亚州境内广泛生长着的一种被当地人称为"黄鼠草"或"鼠忧草"的野草，其每公顷面积上的产量可提炼 1 吨石油，若经过杂交人工种植，每公顷面积上的产量可高达 6 吨。这意味着，广泛种植能生产石油的树木，将是人类在未来获得稳定的新能源的途径之一。

（三）合适的激励政策为产业发展提供动力

政府成立专门的能源植物管理机构，负责相关政策的制定和多部门间的协调，可以为生物质能源的产业化发展提供动力。制定合适的激励政策，包括相关强制性法律法规及鼓励性税收减免和补助政策，将扶持生物质能源的产业化发展纳入国家的可持续发展战略中，为生物质能源的产业化发展创造良好的市场环境。

（1）美国。美国生物质能产业的快速发展离不开联邦及各州政府政策及法规的支持，特别是 21 世纪以来相继出台的一系列促进生物质能产业发展的相关政策和法规。正是在这些政策的支持和引导下，美国生物质能产业得到快速发展。

（2）巴西。近 30 年来，巴西政府在国内推进燃料乙醇发展的措施主要包括：① 制定强制使用燃料乙醇的政策。巴西政府制定了强制推行在汽油中添加乙醇的法律（乙醇的比例由最初的 7.5% 增至 2007 年的 25%），并下令人口超过 1 500 人的城镇的加油站都必须安装乙醇加油泵。巴西的法律还明确规定，联邦一级的单位购、换轻型公用车时必须使用包括燃料乙醇在内的燃料汽车。②原料及成品的财政扶持。巴西对种植甘蔗和生产乙醇的个人和单位提供低息贷款，并由国有石油公司收购燃料乙醇，调动农民和乙醇生产商的积极性。对生物燃料实行低税率政策（如圣保罗州的乙醇税率为 12%，而汽油税为 25%）。③价格调控。固定汽油和燃料乙醇的销售价格。燃料乙醇的燃烧值低于汽油，导致每升燃料乙醇能达到的里程低于汽油。燃料乙醇价格要比汽油价格低 25%~30% 才能达到损益平衡点。2011 年，巴西的加油站中燃料乙醇的售价仅为汽油的 59%，使得燃料乙醇具有和汽油竞争的价格优势。④扩大终端用户。自 2003 年 3 月德国大众汽车集团开始销售灵活燃料汽车以来，几乎所有的汽车巨头都在巴西建立了灵活燃料汽车生产线。巴西政府为鼓励使用灵活燃料汽车，规定购买灵活燃料汽车可以减税，用来冲减灵活燃料汽车需要添加用于识别乙醇和汽油配比装置而增加的成本。⑤国际化推广措施。除了大力发展国内燃料乙醇产业，近年来，巴西还积极推行乙醇产业的国际化。为主导乙醇国际市场，扩大巴西在能源领域的影响力，巴西与美国合作设立了美洲乙醇委员会，通过美洲开发银行奖励群众在中北美及加勒比海地区使用燃料乙醇；2007 年与中国、印度、南非、美国、欧盟等共同设立国际燃料乙醇论坛，就形成燃料乙醇的国际市场达成合作协议。

（3）欧洲。欧洲是世界上最关注可再生能源发展的地区，其将发展可再生能源作为减少温室气体排放的主要手段。欧盟颁布多项政策法规及规划等为生物质能发展提供保障。欧洲各成员国也结合各国的实际提出了各自的目标和要求，并采取了积极和务实的政策与措施，包括高价收购、投资补贴、减免税费和配额制度等。

（4）中国。国家发展和改革委员会、国家能源局及农业部（现为农业农村部）颁布多项规划政策，促进生物质能发展，如表 7-7 所示。

表 7-7 中国生物质能规划

时间	政策	主要内容
2007 年	《可再生能源中长期发展规划》	到 2020 年，生物质固体成型燃料年利用量达到 5 000 万吨，生物柴油年利用量达到 200 万吨
2007 年	《农业生物质能产业发展规划（2007—2015 年）》	到 2015 年中国农作物秸秆产量达到 9 亿吨，折合约 4.5 亿吨标准煤，能转化当量沼气约 3 000 亿立方米，折合天然气 1 800 亿立方米，生物燃气的发展将使中国气体能源消费的比重提高到 8% 左右
2012 年	《生物质能发展"十二五"规划》	到 2015 年生物质固体成型燃料年利用量达到 1 000 万吨以上；力争到 2020 年生物质固体成型燃料年利用量达到 5 000 万吨

第五节 能源植物选育与种植技术

一、发展目标

立足国家对农业生态文明建设和能源多元化等重大战略需求，围绕能源植物选种、育种、基因改良及规模化种植等科学问题，通过科技攻关与产业发展，我国力争在能源植物种质的收集与种质保存、种质资源评价与新种质创制，油脂代谢调控机理研究与分子修饰，抗性机理研究与分子育种及能源植物规模化种植关键技术方面取得关键性突破。通过在边际土地上发展能源植物作为生物质原料，实现到 2035 年能源植物产能约 1 亿吨标准煤/年，到 2050 年，产能约 2 亿吨标准煤/年，大幅度提升我国生物质能源在清洁能源中的比例，显著提升生物质能源在总能源消费中的比例，增加农民收入，促进节能减排，改善能源结构。

二、保障措施及政策建议

（1）加大能源植物研发投入，强化科技支撑体系建设。国外早在 20 世纪中期就已经开始进行能源植物的大规模筛选和评价工作，现在欧美国家广泛栽培的能源草柳枝稷、奇岗就是从这些项目中筛选出来的。目前，国外的柳枝稷、奇岗已经有多个品种。我国有着丰富的能源植物资源，通过建立能源植物育种的生物技术平台，培育适合我国边际土地的耐旱、耐寒、耐盐碱、生长快、产量高的能源植物，可以从根本上解决生物质原料供应不足的问题。"十一五""十二五"以来，我国分别启动了能源植物相关研究国家科技计划项目，但与发达国家相比，我国的投入力度还远远不够，应进一步加大对能源植物研究和产业化开发的投入，加强技术创新。

（2）建立长效创新与人才培育机制。美国、欧盟都设有专门的生物能源开发研究中心。选择有条件的科研院所建立生物能源重点实验室、在优势企业建立工程技术研究中心和企业技术中心有利于能源植物相关领域的研发工作持续稳定地开展。我国还应加强对能源植物领域专门人才的培养与引进力度，加强国际技术的交流和合作。能源植物发展涉及很多学科，包括草业、土壤、能源、化工、农业种植等众多领域，我国应加强能源植物人才资源的培育，培育一支适合我国国情、能有效带动能源植物产业创新的优秀队伍。

（3）进一步加大政策支持。石油替代产业涉及面广、投资巨大，没有政府强有力的扶持，要形成庞大产业非常困难。据 2007 年的有关报道，巴西在实施乙醇汽车的前 10 年，政府投入了 100 亿美元，才形成 43%的石油低成本替代能力和完善的替代体系；德国农民种植生物油原料作物可获得每一百平方米 1 000 马克的补贴。我国应建立能源植物生产补贴机制，如边际土地改良补贴、种植补贴、机械补贴（扩大农机补贴名录）等，并加强与其他政策之间的衔接。同时，我国应将能源植物开发利用与生态保护有机结合，在规模化种植能源植物后，加强对植被恢复、水土流失防控、沙漠化土地治理、水文效益及生态系统修复等的引导与支持。

第八章　结论、目标与建议

第一节　结论

我国以生物质能为主的农村能源开发利用技术部分达到了国际先进水平，但相对于欧美发达国家生物质能整体发展技术还有较大差距，主要表现在能源利用效率低，转化成本过高，生物质能生产工艺水平和装备的自动化程度不高。虽然国外的先进技术可以被借鉴、学习、利用，但中国的农村生活习惯、农耕模式、产业结构等都具有自己的特色，完全模仿和引进国外先进技术也不能解决中国农村能源的问题和环境问题，因此，必须开发中国特色的技术，构建中国特色的模式。

本书通过分析和总结，梳理出以下具有中国特色的技术方向和相关关键技术体系。

（1）开发生活垃圾能源化、资源化利用系统。其关键技术包括预处理与控污技术、处理与资源化利用技术。针对传统处理方式单一、技术设备落后导致的资源化利用率和产品品质低、处理成本高、二次污染不易控制等难点问题，提出集分类、收集、预处理、资源化于一体的分布式生活垃圾处理关键技术，形成新型资源化和能源化利用共性技术、系列单项技术、技术优化与集成的整体技术路径，以实现全覆盖式全链条产业化应用，实现生活垃圾全量资源化利用，实现无废弃物排放。

（2）开发农林废弃物能源化工系统。其关键技术包括：以农林废弃物制备高品位生物燃气、制备成型燃料、制备高品位液体燃料及化学品、基于热解多联产技术的农林废弃物综合利用体系为四大基本路线；农林废弃物定向气化关键技术，开发螺旋挤压式、活塞冲压式、辊模式等多方式燃料成型与器具技术，热化学制备液体燃料及提质技术，农林废弃物制备汽油、生物柴油及航空煤油技术，催化制备烯烃、醇、醚燃料技术，生物质热解多联产资源化利用系统集成与优化，热解油催化制备燃料及化学品技术，基于生物燃气的分布式能源系统，生物燃气制备化学品技术，生物燃气燃料电池技术及生物炭及碳基材料制备技术等是未来技术发展的方向。

（3）开发畜禽粪污能源化工系统。其关键技术包括高负荷稳定厌氧发酵技术、沼气能源化工利用技术、沼液养分回收利用技术、沼渣生产功能有机肥技术等，实现畜禽粪污的高值、高效能源化工利用，构建"种—养—能"循环农业体系，综合治理畜禽养殖污染，基本实现规模化养殖场畜禽粪污零排放。

（4）开发多种废弃物协同处置与多联产系统。其关键技术包括：畜禽粪污—能源作物协同处置与循环利用技术，农村垃圾—畜禽粪污—生物质废弃物协同处置与多联产系统，多联产技术产品深加工技术等，建设农村代谢共生产业园，实现各类农村废弃物全部资源化利用，实现区域内单一工程对各类农林废弃物的处置和利用。

（5）开发特色农林废弃物功能材料制备系统。其关键技术包括：高附加值活性元素生物提取技术，有效成分化学提取、分离精制方法及分析检测技术，提取溶剂分离纯化回用技术，提取衍生物化工原料制备技术，残渣制备高活性生物炭技术，热转化能量自给技术，等等，实现具备高品质属性的特色农林废弃物梯级高值化清洁利用，获得的高附加值产物，如色素、蛋白、食用菌、生物炭等可广泛应用于印染、化工、医药、食品等行业。

（6）开发能源植物选育与种植系统。其关键技术包括优质品种选育技术、高效栽培及管理技术和综合转化利用技术等，完成能源植物选育与种植技术及培养体系，实现高产、高能、高抗且易转化能源植物新品种的产业化应用，形成标准化生物质原料的可持续供应体系。

其中，能源植物选育与种植系统具有一定的前瞻性，是主动型生物质能的发展方向；多种废弃物协同处置与多联产系统具有一定的颠覆性，将改变传统的单一处置模式，增进各种生物质的互补与融合，促进农村代谢共生产业园的形成，提高生物质能的利用效率和环境效益。

总之，通过生物质能的利用，尤其是被动型生物质能的广泛利用，可以保障能源供给的绿色化；以创新开发的高效、低排的生物质能系统技术和装备，可以保障农村用能的清洁化；将现代信息技术及能源服务管理模式与生物质能利用相结合，可以保障农村用能的便利化。

第二节　目标

一、总体目标

近期愿景（2020 年）：构建近零排放的生活垃圾能源化、资源化利用系统，实现生活垃圾无害化率达到 90%，能源化、资源化率达到 80%；构建农林废弃物能源化工技术系统，建设年产 10 万吨以上生物质成型燃料的生产基地，建设 50 兆瓦级水平的直燃发电、10 兆瓦级的气化发电、500 兆瓦级的混燃热电联产示范工程；建立畜禽粪污能源化工技术系统，建设和推广年产万吨级液体燃料示范工程，生物天然气年产量和消费量达到 300 亿立方米；建立多种农村废弃物协同处置与多联产系统，实现农村废弃物资源化率超过 20%，实现能源植物在农村边际土地大规模种植，建设多个藻类能源化示范项目。

面向"十三五"生物质能发展愿景，应着力提升和推广生物质成型燃料大规模自动化生产技术、生物燃气高效制备与综合利用技术，同时突破农林废弃物能源化工技术、生物液体燃料清洁制备与高值化利用关键技术。到 2020 年，生物质能源总量实现标准煤当量 3.8 亿吨，减少碳排放量 22.5 亿吨，生物质能占总能耗的 8%。

中期愿景（2035 年）：实现城乡生活垃圾无害化处理全覆盖，能源化、资源化利用率达到 90%；全面提升农林废弃物能源化工技术系统，有效突破高品位成型燃料、气体燃料和液体燃料制备关键技术，建设年产 20 万吨的成型燃料生产基地，推广年产 3 万吨以上的生物质成型燃料生产线，发展 100 兆瓦级水平的生物质直燃发电站、1 000 兆瓦级混燃热电联产工程和分布式兆瓦级生物质气化发电工程；逐步建立大中型的畜禽粪污能源化工系统，推广年处理能力 10 万吨以上的生物燃气工程；全面提升多种农村有机废弃物协同处置与多联产系统，全面推广生物质功能材料制备技术，在能源植物规模化种植关键技术方面取得关键性突破，能源植物年产能达到 1 亿吨标准煤。

面向生物质能发展的中期愿景，需探索和发展前沿性核心技术，如高效低成本生物质成型燃料工业化生产技术；混燃发电生物质计量检测技术；低结渣、低腐蚀、低污染排放的生物质直燃发电技术；高效洁净的气化发电技术和规模化产业装备技术；高效低成本复合酶制备技术；等等。到 2035 年，生物质能源总量实现标准煤当量 16.5 亿吨，减少碳排放量 117 亿吨，生物质能占总能耗的 28%。

长期愿景（2050 年）：构建生物质能化工综合利用产业链，构建"种—养—能"循环农业体系，实现无废弃物排放的同时，使农作物秸秆、城乡生活垃圾、农林废弃物的能源化、资源化率达到 100%，实现规模化养殖场畜禽粪污零排放，实现高产、高能、高抗且易转化能源植物新品种的产业化应用，实现区域内单一工程对各类有机废弃物协同处置与全量利用，大幅提高农村废弃物综合利用的有效性和经济性，形成标准化生物质原料的可持续供应体系，形成具有竞争力的商业化运营能力。

在面向 2050 年的 30 余年间，力争改变传统单一的处置模式，增进各种生物质的互补与融合，提高生物质能的利用效率和环境效益。到 2050 年，生物质能源总量实现标准煤当量 21.8 亿吨，减少碳排放量 143 亿吨，生物质能占总能耗的 36%。

二、具体目标

（一）生活垃圾能源化、资源化利用系统

大力开展以近零排放为目标的生活垃圾能源化、资源化利用技术体系研究。解决生活垃圾的收集难、运输难，过程污染重，生活垃圾提质转化效率低，重金属污染重和氮素控制难，以及转化过程中二次污染控制难等问题。重点研究和开发热转化、生物转化、源头控制污染等技术群及单元技术集成、耦合和优化系统，以打造能源产业、肥料产业、废塑料基化工原料/能源产业及相关装备产业，形成生活垃圾能源化、资源化利用领域的技术创新和集成技术创新，积极建立相关科技创新平台，分别在 2020 年、2035 年实现替代能源 2 800 万吨标准煤、5 000 万吨标准煤。

（二）农林废弃物能源化工系统

实现农林废弃物清洁高效利用是未来发展的必然趋势，通过开发先进的热化学转化技术，可以将农林废弃物转化为高附加值的能源化工产品，如高品位气体燃料、成型燃料、高品位液体燃料和化学品等。另外，农林废弃物以散抛形式存在，具有资源分布离散的特点，其产生量巨大且总量不清、运输和存储不方便。在新农村周边建设收集、预处理和热解多联产工厂，将当地分散的低品位农林废弃物转化为附加值较高的气、液、固三态产品。生产的气体燃料直接作为分布式新农村城镇生活供能，实现农村能源供应清洁化、便利化。将分散加工得到的高能量密度的油炭产品再集中输送到精炼工厂，可以克服农林废弃物收集难题。油炭产品经精炼加工后，可制备高附加值的液体燃料、化学品及碳功能性材料等。通过分布式能源供应与精炼工业原料供应有效结合，实现农林废弃物的能源化高效转化与高品位利用，分别在 2020 年、2035 年和 2050 年实现替代能源 1.67 亿吨标准煤、3.13 亿吨标准煤和 5.0 亿吨标准煤。

（三）畜禽粪污能源化工系统

2009 年，全国规模化养殖场（猪、牛、鸡三大类畜禽）约 240 万处，其中，中型（养殖出栏 500~3 000 头猪）养殖场约 6.5 万处，大中型（养殖出栏 3 000 头猪以上）养殖场约 0.9 万处，这些规模化养殖场基本上都没有建设粪污处理工程，粪污的集中排放对区域环境污染较严重，矛盾较集中，社会影响较大，已经引起

社会的广泛关注。进行粪污资源化、无害化和清洁化的集中治理，使其化害为利，变废为宝，建设大中型的畜禽粪污能源化工系统工程是发展趋势。综合目前研究，畜禽粪污能源化工系统主要有三个方向，一是直接对畜禽粪污进行脱水、发酵，然后加工，加工成系列生物有机肥；二是畜禽粪污厌氧发酵生产沼气，发酵后的沼液、沼渣进行深加工，加工成不同的有机肥或饲料；三是畜禽粪污厌氧发酵生产氢气，发酵后的残液、残渣同样进行深加工，可以做成有机肥或饲料等，分别在 2020 年、2035 年和 2050 年实现替代能源 3 700 万吨标准煤、1.6 亿吨标准煤和 2.5 亿吨标准煤。

（四）多种废弃物协同处置与多联产系统

建设农村代谢共生产业园，实现各类废弃物协同资源化利用，大幅提高农林废弃物综合利用的有效性和经济性；实现区域内单一工程对各类农林废弃物的处置利用，达到无废弃物排放。实现农林废弃物综合利用过程无污染物排放，解决土壤板结问题，实现土壤修复。农林废弃物全面转化为可燃气、化工原料、有机肥及其他资源。构建多原料来源的物理、化学、生物转化为一体的农村废弃物综合利用系统，解决农村废弃物问题，分别在 2020 年、2035 年和 2050 年实现替代能源 8 300 万吨标准煤、2.1 亿吨标准煤和 3.7 亿吨标准煤。

（五）特色农林废弃物功能材料制备系统

实现生物提取、化学提取、热解制备生物炭、热转化能量自给等各项关键技术突破。实现资源化利用率达到 20%，替代能源 400 万吨标准煤，900 万吨煤炭（间接替代化肥），进行各项技术系统的优化示范及产业化推广，分别在 2020 年、2035 年和 2050 年实现替代能源 1 500 万吨标准煤、2 700 万吨标准煤和 8 000 万吨标准煤。

（六）能源植物选育与种植系统

立足国家对农业生态文明建设和能源多元化等重大战略需求，围绕能源植物选种、育种、基因改良及规模化种植等科学问题，通过科技攻关与产业发展，力争在能源植物种质的收集与种质保存，种质资源评价与新种质创制，油脂代谢调控机理研究与分子修饰，抗性机理研究与分子育种及能源植物规模化种植关键技术方面取得关键性突破。通过在边际土地上发展能源植物作为生物质原料，实现到 2035 年能源植物产能约 1 亿吨标准煤/年，到 2050 年，产能约 2 亿吨标准煤/年，大幅度提升我国生物质能源在清洁能源中的比例，显著提升生物质能源在总能源消费中的比例，增加农民收入、促进节能减排、改善能源结构，分别在 2020 年、2035 年和 2050 年实现替代能源 5 000 万吨标准煤、1 亿吨标准煤和 3 亿吨标准煤。

第三节　建议

为实现农村能源供给绿色化及用能清洁化与便利化，政府需从政策导向、发展模式、关键技术攻关、示范系统建设及农村能源产业发展等方面提供政策支持与保障措施。

（1）政策导向。农村能源革命必须与乡村振兴战略、精准扶贫等国家重大战略相结合，协同考虑能源、资源、环境、生产模式、生活方式等，做好顶层设计。政府应根据不同地区、不同条件提供相应的政策支持，并强化政府引导与监督作用；完善与农村清洁能源科技发展相关的政策和法规，落实国家投资补贴、税收减免及推广应用的后补助政策，制订生物质燃料替代行动计划；将农村相关人才培育纳入国家人才规划纲要，根据农村能源产业的多学科交叉与环境的特殊性，制定专门的人才培养与招聘政策。

（2）发展模式。针对现在农村能源供给与环境治理过程中的问题，积极探索新的农村能源与环境相融合的技术与产业发展模式——农村代谢共生产业模式，同时为增加农民收入，建立"猪地产"与"猪物业"新模式，实现集中养殖、排放、治理、利用与散户养殖收益的统一，并拓展至其他畜禽养殖行业。

以农村代谢的废弃物及废弃物资源化的产品为控制因素，设计和规划养殖、种植、人居规模耦合的区域，实现废弃物的近零排放与资源最大化利用，构建生产—生活—生态协调发展的模式。

农村在养殖、种植和生活过程中代谢出大量的废弃物，如畜禽粪污、秸秆、谷壳、枯枝落叶、生活垃圾等，传统的单一废弃物处置模式存在成本高、处置效率低、资源利用率低等一系列问题，各种农村废弃物的协同处置及各类技术的高度集成，使处置系统集约化，不仅可以降低处置成本，同时还能增强各种废弃物在处置过程中的互补性，产出绿色热、电、肥料、饲料等系列高值化产品，其中热、电用于生产生活，肥料用于饲料作物、果蔬、能源作物的种植，饲料用于养殖体系。通过区域内各种生产、生活过程的代谢产物的共生，实现各类有机废弃物的能源化与资源化利用，大幅度提高现代农业的附加值，实现生态环境与农村经济两个系统的良性循环，达到经济、生态、社会三大效益的统一。

（3）关键技术攻关。加强平台建设，完善技术创新体系，依托科研院所、大学和大型骨干企业，组建工程技术中心及重点实验室，突破一些在农村能源发展过程中尚需解决的关键性技术问题，并通过设立重大专项项目的方式，对能源植物选育与种植系统，农林废弃物能源化工系统，生活垃圾能源化、资源化利用系统，畜禽粪污能源化工系统，多种废弃物协同处置与多联产系统及特色农林废弃物功能材料系统等关键技术开展技术攻关。

（4）示范系统建设。通过模式创新，实现多元化技术集成，并通过智能化、工业化的手段实现技术的规模化、组织化、装备化；建立技术先进、程序简单、成本低廉的农村能源利用示范应用体系。在原料方面，加强其收购、运输、储存、加工等环节的配套衔接，降低其因高成本带来的风险；在示范体系运行方面，强化单项技术的普适性与多项技术的耦合关联性，最大限度地降低运行成本；在示范工程产出产品方面，要与当地实际情况相结合，获得因地制宜的农村绿色能源与资源，实现效益的最大化；政府要给予优惠价格去扶持农村能源的示范工程，也要充分利用市场机制的作用培育农村能源应用的市场环境；政府从相关示范项目的审批到实践应用各个环节，都要给予充分支持，保证示范项目达到效果，同时要增强农村能源示范应用政策的持续性。要不断吸引私人资本的投入，保持创新活力，也要不断将政策纳入法律当中，不断推进政策立法，从而保证政策的持续性，增强投资人的信心。

（5）农村能源产业发展。要构建农村能源产业技术创新和支撑服务体系，加大企业技术创新的投入力度。要发展一批企业主导，产、学、研、用紧密结合的产业技术创新联盟，支持联盟成员建立专利池、制定技术标准等；加强知识产权体系建设，健全与知识产权保护相关的法律法规，制定适合我国农村能源产业发展的知识产权政策；加强技术指标体系建设，制定并实施农村能源产业标准，建立标准化与科技创新和产业发展协同跟进机制，在重点产品和关键共性技术领域同步实施标准化；加强信息技术与生物质能利用的融合，依托云计算、"互联网+"、物联网等现代化信息技术手段，推进市场配置的智慧管理，加大农村有机废弃物收集、转移、利用、处置等环节的远程控制力度。